LES PHARAONS BÂTISSEURS

Direction éditoriale : Anne Zweibaum
Coordination éditoriale : Christine Marchandise
Conception graphique : Sandrine Roux/Caroline Keppy
Maquette : Electra Iliadis
Révision/relecture : Reynald Fléchaux
Photogravure : Groupe Horizon

N° d'éditeur : 339
ISBN : 2-87939-327-2
ISBN 13 : 978-2-87939-327-8
Dépôt légal : mars 2007
Imprimé en France

HENRI STIERLIN

LES PHARAONS BÂTISSEURS

TERRAIL

Paysage typique de la Haute-Égypte : Assouan et l'île Éléphantine.

Sous le tropique du Cancer, la vallée du Nil est ici à son point le plus étroit. Ce fut longtemps la porte méridionale de l'Égypte, marquée par une barrière granitique que franchit la première cataracte. Les jardins luxuriants sont enserrés entre le fleuve et le désert. Sur la rive occidentale se blottit dans la roche une nécropole où reposaient les princes d'Assouan qui régnèrent à la fin de l'Ancien Empire (vers 2200 avant notre ère).

INTRODUCTION

En Égypte, l'architecture de l'époque pharaonique se développe durant trois millénaires. Elle prend forme dès la fin de l'âge néolithique (6000 - 4000 avant J.-C.), s'affirme vers 3000 avant J.-C. et ne cessera d'évoluer – malgré l'impression d'immobilité qu'elle laisse au premier abord – qu'au temps des Ptolémées, pour interrompre sa production en pleine époque impériale romaine, au IIIe siècle de notre ère.

Les grandes réalisations historiques, après les tâtonnements des constructions prédynastiques en brique crue, sont, pour l'essentiel, des temples et des tombeaux. Dans cette architecture destinée aux défunts et aux dieux comme au culte du souverain, le désir impérieux de pérennité a conduit les bâtisseurs de la vallée du Nil à transposer en pierre les formes de l'habitat de pisé, construit en clayonnage (c'est-à-dire en terre battue mêlée de paille et de branchages) et couvert de chaume, qui restent jusqu'à nos jours la principale caractéristique des agglomérations égyptiennes bordant le fleuve, du Delta jusqu'à la Nubie.

Cette pétrification des formes donne naissance à une architecture qui revêt une fonction emblématique, rituelle ou funéraire. Elle nous vaut d'immenses réalisations : « cités des morts » édifiées dans le désert en bordure de vallée fertile, pyramides colossales au cœur desquelles devaient dormir les pharaons de l'Ancien Empire dans leur « demeure d'éternité », temples grandioses destinés au service du dieu comme au culte du souverain hypogées, royaux dont les dédales s'enfoncent dans la montagne d'Occident dominant Thèbes.

L'extraordinaire état de conservation de certains grands temples permet de se représenter les moindres intentions des architectes : dans quelques sanctuaires du Nouvel Empire et de la période ptolémaïque, non seulement le plan est lisible, mais les murs et les plafonds sont en place, permettant de saisir l'organisation des espaces et des circulations ; des vestiges du décor polychrome sont là, parsemés de figures et de textes hiéroglyphiques qui facilitent la compréhension des rituels à l'endroit même où ils se déroulaient ; les écrits jalonnent les parois, donnant la parole aux hymnes récités par les prêtres ; les dalles de couverture, préservées, permettent d'imaginer le rôle de la lumière, de percevoir l'atmosphère mystérieuse des successions de salles conduisant de la cour inondée de soleil aux ténèbres du saint des saints.

Comme un commentaire, l'image et le bas-relief énonçant les formules sacrées jalonnent cette architecture, lui conférant un sens précis, une fonction cultuelle ou politique qui révèle les mobiles des bâtisseurs. C'est pourquoi l'architecture de l'Égypte pharaonique dépasse sans cesse le concept fonctionnaliste moderne. Elle ne s'accommode pas du simple point de vue esthétique et ne peut être abordée par une approche purement technologique, pas plus qu'analytique ou typologique. Si l'on veut s'en tenir à son utilité, il est indispensable d'y inclure une motivation spirituelle, dont la permanence régit la continuité des formes. C'est pour répondre à des croyances qui donnent sa cohésion à toute une civilisation que le peuple d'Égypte a procédé à ces travaux titanesques. C'est pour donner corps à une foi dans la survie de l'homme et dans la puissance du souverain divinisé que des millions de bras se sont unis dans l'effort collectif des grands chantiers pharaoniques.

Chapelles, temples, pyramides, tombeaux, sanctuaires rupestres, lacs sacrés et allées de sphinx ne peuvent être compris qu'en fonction des cérémonies qui s'y déroulaient, des processions grandioses qui défilaient dans les salles sonores, des pèlerinages accomplis en barques sur le fleuve, des solennelles commémorations funèbres montant vers la Vallée des Rois ou des triomphes militaires dont les bas-reliefs reflètent l'éclat.

Partout, cette architecture aujourd'hui défunte ne peut être saisie que dans sa vie, dans sa volonté de dépasser le périssable et l'éphémère par une aspiration à l'éternité qui habite l'homme confronté au désert et à la mort.

UNE COSMOLOGIE STRUCTURÉE PAR LE RÉEL

Pour comprendre l'Égypte, son peuple, sa pensée et son art, pour saisir la raison d'être de son architecture, il faut prendre en compte le cadre de vie. Or, seul le Nil régit cet univers intensément vivant, qui foisonne au cœur des déserts les plus arides de la planète. Le Nil est ce cordon ombilical qui, par les masses d'eau énormes qu'il charrie sur des milliers de kilomètres, rattache à la vie ces immensités de roc, de dunes et d'espaces désolés.

Le concept toujours cité de « don du Nil », qui qualifie cette terre et sa civilisation résume, bien la relation de cause à effet unissant l'apparition de la vie dans ce monde minéral et l'éclosion des êtres vivants qui vont y proliférer jusqu'à nos jours. Mais cette vérité trop souvent soulignée depuis l'Antiquité se double d'un cadre

solidement structuré : le fleuve court rigoureusement du sud au nord pour se jeter dans la Méditerranée, la « grande Verte », à l'embouchure d'un vaste delta aux bras multiples qui irriguent d'immenses surfaces de terres riches, formées par l'humus noir des inondations.

Le pays tout entier offre, à qui en regarde la carte, l'image d'une gigantesque fleur à tige unique qui aurait poussé entre l'Afrique tropicale et les zones tempérées du Proche-Orient où s'épanouit son couronnement. Le formidable débit du Nil, puisant ses eaux dans les vastes lacs de la forêt pluviale et dans les montagnes d'Abyssinie, s'écoule immuablement du Midi vers le Septentrion. Dans le ciel, le soleil ne cesse d'égréner son rythme lors de sa course immuable et sans cesse recommencée d'est en ouest.

Ces deux mouvements – celui de l'eau vivifiante sud/nord et celui du soleil est/ouest – constituent un système à angle droit régissant tout le pays. Inutile de souligner le rôle majeur que joueront ces paramètres dans la cosmologie égyptienne. À quoi s'ajoute le vent thermique qui remonte généralement la vallée, à contre-courant, du nord au sud. Il fournit un remarquable moyen de locomotion pour les bateaux à voile qui ne tardent pas à sillonner le fleuve nourricier : lorsqu'ils descendent, les esquifs se laissent porter par le courant, s'aidant tout au plus des rames ; pour s'en retourner, ils dressent un mât, une antenne et une voile carrée, grâce à laquelle ils regagnent sans effort leur point de départ, ou s'élancent dans des expéditions lointaines au-delà des premières cataractes. Ainsi la navigation fluviale sera le poumon de l'Égypte.

On saisit qu'un si riche donfondamental permette de construire un univers spirituel cohérent : le soleil, l'eau et le vent, s'ajoutant au fertile humus d'un fleuve aux crues régulières, constituent un système clos, unitaire. Pour l'Égyptien, cette conjonction de facteurs essentiels représente le fondement cosmologique sur lequel s'élaborent le temps et l'espace d'un peuple.

L'USURE DU TEMPS ET DES HOMMES

Des trois millénaires de son histoire pharaonique l'Égypte conserve des témoignages admirables et grandioses, des édifices colossaux, des sculptures émouvantes qui provoquent l'admiration de foules de plus en plus nombreuses, formant les légions de ceux que l'on peut nommer les « pèlerins du beau ». Après qu'un engouement extraordinaire pour la terre des pharaons a déclenché une première « égyptomanie » chez les Grecs du temps de Platon, suivie de véritables voyages organisés, considérés comme des « passages obligés » par tous les philosophes et scientifiques helléniques et romains, la vallée du Nil est à nouveau, depuis la fin du XVIIIe siècle et la campagne de Bonaparte, l'objet d'une vogue fantastique.

Deux barques à voiles carrées multicolores naviguant sur le Nil.
Les navires sont pourvus d'une grande rame de poupe en guise de gouvernail. Sur le pont, des cabines sont destinées aux voyageurs. Cette gravure de Rosellini a été publiée en 1832.

Navire à vingt-quatre rameurs avec son équipage.
Pour la manœuvre, sept hommes et un timonier ; dans la cabine aérée et protégée du soleil, des voyageurs de « condition » qui se rendent d'une ville à Vautre. Il s'agit, ici aussi, d'une gravure de Rosellini, exécutée d'après une peinture de tombe égyptienne.

L'image de la Vache céleste aux cornes en forme de lyre.

Cette aquarelle de H. Salt a été exécutée en 1818 dans la Vallée des Rois, au fond de la tombe du pharaon Séthi Ier (1312-1301). Ce panneau, qui était encore haut en couleur il y a cent soixante-dix ans, décorait une petite chambre située à droite de la salle du sarcophage. La déesse Nout – qui représente le ciel étoilé – laisse passer sous son ventre les barques des dieux. C'est ainsi que circule le Soleil, selon les cosmogonies de l'ancienne Égypte.

Double page suivante :

L'état catastrophique que révèle aujourd'hui la même paroi de la tombe de Séthi Ier est affligeant.

La comparaison entre Faquarelle ancienne et cette photographie récente permet de mesurer les dégâts entraînés par le passage de millions de visiteurs dans cet hypogée dont les salles s'enfoncent à une centaine de mètres sous la montagne. La plus grande partie des brillantes couleurs qui existaient au XIXe siècle et que virent les Belzoni Rosellini Champollion et Manette, ont disparu à jamais.

Ce sont aujourd'hui des millions de curieux qui défilent sous les colonnes de Karnak, dans les hypogées (ou tombes creusées dans le roc) de la Vallée des Rois, au cœur des grandes pyramides de Guizeh.

Mais un tel succès ne va pas sans dramatiques conséquences. Le flot des touristes qui s'engouffre depuis une cinquantaine d'années dans les tombes, les troupes serrées de voyageurs qui s'égaillent dans les temples, de même que la construction, puis l'exhaussement du premier barrage sur le Nil, il y a cent ans, à Assouan, ont provoqué des destructions si catastrophiques que certaines œuvres ont disparu à jamais. Les tombes royales n'ont pas seulement été pillées : leurs peintures, encore éclatantes vers 1820, au temps de Champollion, ont été oxydées par la pollution. Le gaz carbonique produit par la respiration des foules massées dans l'espace confiné de salles exiguës, situées parfois à quelque cent mètres de profondeur dans la montagne, a corrodé les couleurs qui ont fini par succomber, n'offrant plus qu'un gris sinistre.

C'est ce que montre la comparaison entre la beauté saisie en 1813 par une aquarelle, qui atteste de la fraîcheur de ces teintes pourtant vieilles de trois mille ans, et l'état pitoyable dénoncé par une photo prise récemment dans la même tombe royale de la Vallée des Rois. Cette confrontation présente la tombe de Séthi Ier telle qu'elle existait à l'époque où la vit Belzoni (1773-1823) opposée à son aspect actuel : expérience accablante.

Ailleurs, le temple d'Isis, à Philae (aujourd'hui déplacé), qui séjourna pendant des décennies sous les eaux du lac formé par le vieux barrage d'Assouan, a perdu toute la polychromie qui y subsistait il y a deux siècles, tant sur les murs et les plafonds que sur les colonnes, ainsi que le montre la *Description de l'Égypte* (1809). Enfin, l'ouverture du grand temple creusé dans le roc (ou *spéos*) de Ramsès II, lorsque fut désensablée son entrée au XIXe siècle, a laissé pénétrer l'air humide du fleuve dans la salle rupestre : il s'en est suivi des dégâts irrémédiables qui font regretter l'aspect que revêtait ce monument à l'époque où les équipes de l'égyptologue italien Ippolito Rosellini en firent d'admirables relevés aux couleurs éclatantes, publiés à Pise en 1832.

Bref, pour saisir l'image chatoyante et colorée qui devait être celle des bâtiments pharaoniques entièrement polychromes, il faut se référer aujourd'hui à des documents vieux de près de deux cents ans.

Ces sombres constats ne doivent pas obnubiler le regard de celui qui veut comprendre le legs artistique de l'Égypte : les admirables vestiges qu'offre la vallée du Nil sont là pour nous prouver que cette civilisation a non seulement conçu et réalisé le plus formidable ensemble de constructions de l'histoire, mais qu'elle les a dotées d'une haute signification religieuse qui éclate dans la beauté des bas-reliefs, la perfection des statues, la splendeur des peintures subsistant jusqu'à nos jours. Car cette architecture régit toute l'expression plastique du monde pharaonique.

DE LA BRIQUE CRUE À LA PIERRE DE TAILLE : L'ŒUVRE DU PHARAON DJEZER À SAQQARAH

Le majestueux portique d'entrée donnant accès au domaine funéraire de Djezer à Saqqarah

Ces colonnes fasciculées (imitant un faisceau de tiges) engagées en bout de mur, avec leur base et leur chapiteau en tailloir carré, précèdent la cour sud devant la pyramide. Dès sa première formulation en pierre de taille, l'architecture conçue par le « divin » Imhotep atteint une pureté et une force exceptionnelles.

L'histoire du peuplement de la vallée est directement contingente du milieu dans lequel va se dérouler l'évolution du monde pharaonique. Aux origines, avant même l'âge néolithique, les derniers millénaires, pendant lesquels l'humanité passe du paléolithique supérieur et de la vie de chasseur et de cueilleur nomade à celle de cultivateur sédentaire, ont connu une profonde transformation du cadre de vie.

La région saharienne était totalement différente de ce qu'elle est aujourd'hui.

Là où ne subsiste maintenant qu'un monde minéral et mort, les vallées formaient, voici dix ou quinze mille ans, d'immenses oasis entrecoupant des steppes verdoyantes. Elles abritaient alors une faune et une flore abondantes. Éléphants, rhinocéros buffles et ruminants de toute sorte fournissaient un gibier important à une population disséminée sur de vastes étendues.

Mais, progressivement, le processus de sahélisation se mettait en marche. Car la sécheresse gagnait de proche en proche, amenant l'extinction de certaines espèces. Les tribus comme les animaux se mirent à la recherche des derniers pâturages, fuyant devant l'avancée inexorable du désert. Peu à peu, la vallée du Nil représenta le seul salut possible : l'eau du fleuve, comme par miracle, ne se tarissait pas. Et des peuples de toutes origines, venant d'est et d'ouest, finirent par s'agglutiner sur les berges souvent escarpées du fleuve aux crues tumultueuses et aux rives instables. Dans les fourrés et les roseaux, une faune de marécage fournissait aux hommes des ressources qui, bientôt surexploitées, ne suffirent plus aux besoins d'une population trop nombreuse. Cette situation ne tarda pas à entraîner une transformation du mode de vie. La mutation d'abord timide de cueilleur en horticulteur, et de chasseur en éleveur, s'opéra sur ces rives luxuriantes vers le IXe millénaire avant notre ère (natoufien). Pendant les longs siècles qui s'écoulent jusqu'à l'aube de l'histoire – marquée par l'édification des premiers monuments, qu'accompagnent les premiers signes hiéroglyphiques – , l'Égypte ne cesse de recevoir de nouveaux arrivants. Chaque tribu apporte avec elle ses cultes, ses divinités et ses rites. Durant le Ve et le IVe millénaire, un long travail de fusion, de synthèse, tend à coordonner ces systèmes religieux divers. Alors s'élaborent une cosmologie et une théologie qui donnent naissance à un panthéon hiérarchisé fondé sur des triades : Horus, le père, Hathor, la mère, et Harsomtous, leur fils, par exemple. Tout cet effort, conduit par un clergé puissant, vise à unifier les cultes de la vallée.

Parallèlement, les affrontements et les guerres tribales font se constituer des régions sur lesquelles des souverains parviennent à affirmer leur autorité.

On voit naître deux pôles : les monarchies de Bouto au Nord et de Nékhen au Sud. Mais la volonté de ne former qu'un seul territoire est forte chez les premiers rois déjà conscients du commun destin de leurs domaines respectifs, parcourus par le même fleuve. Cette unité apparaît avant l'aube du IIIe millénaire, lorsque les deux entités géographiques distinctes formant la Haute et la Basse-Égypte – la Vallée et le Delta – sont soumises à l'autorité d'un seul souverain, le pharaon aux couronnes rouge et blanche, formant le *pschent*, qui règne vers 3000 avant J.-C. comme « maître des Deux-Terres ». La fusion s'opère sous le mythique Ménès qui se donne Memphis – le Mur Blanc – pour capitale.

Alors seulement, l'Égypte existe comme un tout.

Elle va alors s'affirmer avec force aussi bien par sa puissance et son dynamisme que par son art et sa pensée religieuse.

L'entrée de l'ensemble funéraire du pharaon Djezer à Saqqarah.
Fruit d'une exemplaire reconstruction réalisée à l'aide des blocs originaux, ce bastion émergeant de la muraille, édifiée par l'architecte Imhotep (IIIe dynastie vers 2800 avant J.-C.) reprend le décor de lésènes des premiers monuments de brique crue de l'Égypte prédynastique. L'organisation à redents – avec ses éléments saillants et rentrants – est fondée sur un rigoureux système à angle droit qui régira toute l'architecture pharaonique.

La cour de la Cérémonie du Jubilé dans l'ensemble de Djezer à Saqqarah.
Les fêtes du Heb-Sed, après trente ans de règne du pharaon, exigeaient un cadre rituel complexe. Ces chapelles factices à toiture arquée bordaient un espace consacré à la course. Toute cette architecture vieille de près de cinq mille ans a été patiemment relevée à l'aide d'une majorité de blocs anciens.

LE RYTHME DE L'HISTOIRE

Avant même d'aborder les principales réalisations de trente siècles d'architecture pharaonique, on rappellera que l'histoire égyptienne – la plus longue des civilisations de l'humanité – ne se déroule pas de façon ininterrompue. Elle est divisée en trois phases principales que les spécialistes ont nommées l'Ancien Empire, le Moyen Empire et le Nouvel Empire – chacun d'eux étant scandé par de grands cycles : naissance, apogée et déclin, suivis de renaissances. Ces phases sont séparées par des effondrements baptisés « périodes intermédiaires ».

En outre, la fin du Nouvel Empire, vers 1100 avant J.-C., ne marque nullement la disparition de la culture, de l'art, ni même de la puissance égyptiennes dans le concert des nations : le premier millénaire avant notre ère comptera encore de glorieux chefs-d'œuvre avec les dynasties de Tanis, avec la renaissance saïte (664-525 avant J.-C.), et enfin avec les réalisations de la dynastie des Ptolémées (305-30 avant J.-C.). L'édification des grands temples ne cesse ni lorsque les souverains hellénistiques règnent à Alexandrie sur le pays, ni lorsque les troupes romaines ont annexé l'Égypte. Seule l'éclosion de la religion chrétienne lui portera le coup de grâce, interrompant toute activité sur les chantiers.

Pour comprendre cette longue histoire, il faut se souvenir que l'Égypte – à la charnière entre le monde méditerranéen et le Proche-Orient, entre l'Asie et l'Afrique – occupe une position « fortifiée » par la nature : bordée de déserts à l'est comme à l'ouest, elle parvient plus aisément à sortir de ses frontières qu'elle n'offre à ses ennemis la possibilité d'y pénétrer. C'est ainsi qu'elle « colonise » très tôt la Palestine et le Liban (où elle se procure le bois de cèdre pour ses charpentes et ses navires), de même qu'elle remonte le Nil jusqu'à la Nubie, au-delà de la première cataracte.

Pendant les périodes les plus glorieuses, l'Égypte s'étend de la boucle de l'Euphrate (Syrie), jusqu'à la boucle du Nil à Napata (Soudan). Elle lance en outre des expéditions maritimes au pays du Pount – terre des aromates que les historiens situent au sud de la mer Rouge, en Éthiopie, peut-être même en Arabie méridionale ou au Yémen.

Détail d'une chapelle de la cour du Jubilé, dans le complexe construit par Imhotep à Saqqarah.

L'édifice offre de fines colonnettes engagées, dont les cannelures jaillissent jusqu'à un curieux chapiteau floral à feuilles tombantes qui supporte la toiture arquée, imitée des constructions traditionnelles. Cette architecture d'apparat est réalisée en petit appareil dans un beau calcaire doré par le soleil. Derrière ces façades, seul un blocage de cailloutis est présent : les espaces internes sont inexistants

Ensemble de Djezer à Saqqarah, détail du mur aux Cobras, cour sud.

Les serpents protègent le pharaon contre toutes les agressions. Sous la forme de l'uraeus, ils surmontent le front du souverain, et sont censés pétrifier de terreur les ennemis du roi.

Ensemble de Djezer à Saqqarah, les colonnes du temple T.

Les colonnes du temple T se dressent devant la pyramide à degrés. Le rôle de ce bâtiment reste difficile à préciser dans le cadre du rituel. La frise visible en clair, au fond à droite des colonnes, est formée de piliers Djed, emblèmes de la stabilité et de la durée. On notera, au premier plan à gauche, le caractéristique tore en forme de boudin qui renforce l'angle des murs extérieurs.

Deux statues ébauchées dans l'ensemble de Djezer.

Émouvants témoignages des premiers efforts que firent les sculpteurs pour fixer dans la pierre l'effigie humaine, ces œuvres devaient représenter Djezer, sous les traits de colosses « osiriaques » dans la position du dieu Osiris, Porteur de la barbe postiche et du sceptre, le souverain se dresse à la manière d'une momie, enveloppé dans un long vêtement qui descend jusqu'aux genoux.

LA DISCIPLINE SOCIALE

Un élément fondamental expliquant l'essor de l'Égypte à la Haute Époque est la densité précoce de la population sur cette terre de refuge que représenta la vallée du Nil lors de l'assèchement progressif du Sahara : ce fut un atout important qui permit aux hommes de faire face aux problèmes posés par la nature. Ils parvinrent ainsi à maîtriser les zones annuellement inondées qu'il fallait adapter aux nécessités de la production agricole.

En effet, avant d'oser s'établir sur les rives du Nil, dont le cours impétueux et imprévisible menaçait les villages, il était indispensable d'entreprendre de vastes travaux collectifs : construction de buttes permettant de mettre les agglomérations hors d'eau en période de crue, puis création de voies sur digues, de canaux de drainage et d'irrigation. C'est donc à un gigantesque programme d'aménagement du territoire que fut confrontée, très tôt, la population de la vallée du Nil.

Or, de telles entreprises supposent un pouvoir centralisé et fort, une discipline collective stricte, un sens aigu de la communauté et une habitude du travail en équipes, placées sous la direction de chefs de village ayant la capacité de réaliser des projets ambitieux, conçus en haut lieu.

Toutes ces qualités, transposées dans le domaine architectural, expliquent l'apparition d'amples créations, en particulier les monuments funéraires prédynastiques.

DU LIMON À LA ROCHE TAILLÉE

Tout naturellement, c'est à l'aide du limon du Nil que furent réalisées les premières constructions. La boue mêlée à des roseaux ou à de la paille hachée fournissait le pisé dont se contentaient les fellahs, les agriculteurs, pour élever les parois de leurs frustes habitations. Une toiture de palmes les protégeait des ardeurs du soleil. Car l'absence de pluie n'exigeait pas d'autre matériau que celui, sans cesse renouvelé par les crues du fleuve, qu'offrait le limon, souvent extrait des canaux voisins.

Lorsqu'il s'agit d'édifier des sépultures capables d'abriter les restes sommairement momifiés des défunts que l'on enterrait avec quelques offrandes faisant office de viatique, on en vint à concevoir des constructions plus importantes. Celles-ci allaient nécessiter des techniques plus évoluées. Afin de réaliser d'épaisses masses de matériaux assez solides pour résister à la pression du sable et pour protéger les « chambres » funéraires souterraines et leurs aménagements, on recourut à la construction en brique séchée, ou brique crue.

L'utilisation d'éléments standardisés – épaisseur, largeur et longueur constantes – en lieu et place des simples amoncellements de limon sans consistance conduisit à une sorte de préfabrication des matériaux de construction. La brique impliquait en outre une mise en œuvre fondée sur une organisation systématique comportant des lits horizontaux superposés, des alternances de joints, des éléments disposés en longueur ou en largeur. Il en résultait nécessairement l'apparition de proportions constantes issues du pied ou de la coudée comme systèmes de mesure unitaires.

On constate ainsi que la brique crue, bien que fruste, implique un nombre considérable d'apports fondamentaux, parmi lesquels le recours à l'angle droit (module orthogonal) n'est pas le moindre. Comme pour accentuer cette propriété qui caractérise, dès le IVe millénaire, l'architecture égyptienne (de même que celle de Sumer et de l'Élam d'ailleurs), les formes qu'offrent les monuments funéraires sont entièrement régies par des perpendiculaires : murs redentés, formant des enceintes jalonnées de bastions, à l'image probable des fortifications ceignant les premières cités royales ; on songe au mythique Mur Blanc de Memphis, dont le motif hantera monuments, sarcophages et modénatures. Partout, on retrouvera la formule dite en façade de palais, caractérisée par ses fausses portes, entrecoupant les enceintes des tombeaux de brique crue érigés durant les deux premières dynasties.

Les constructions funéraires de brique atteignent alors des dimensions considérables sous les souverains thinites, avant l'aube du IIIe millénaire. Elles peuvent avoir 50 à 60 mètres de long sur 25 à 30 mètres de large.

Tant les tombeaux de Saqqarah que les cénotaphes (tombeaux vides) d'Abydos – les premiers rois se font construire des lieux de culte funéraire aussi bien en Basse-Égypte qu'en Haute-Égypte pour affirmer leur pouvoir sur les Deux-Terres – reçoivent un décor et un riche mobilier.

Parfois, des boiseries couvrent plafond, plancher et parois. Puis ces matériaux, trop peu résistants, sont remplacés par des parements de pierre – dalles de calcaire –, alors que les encadrements de portes sont en granit, de même que les herses condamnant les passages dans les appartements souterrains, creusés dans la roche, qui sont aménagés dès la IIe dynastie (vers 3000 avant J.-C.).

De vastes magasins reçoivent les dépôts d'offrandes : parmi ceux-ci, il faut signaler les admirables vases de pierre qui s'accumulent souvent par dizaines dans les mastabas, ces massifs architecturaux rectangulaires en forme de banquettes colossales qui contiennent désormais les appartements du défunt. Ces vases de pierre sont travaillés avec une méticuleuse précision tant dans l'albâtre et le calcaire que dans les pierres dures, comme la diorite, le granit ou le schiste. Ils attestent les immenses progrès accomplis par les artisans égyptiens dans la maîtrise des techniques du décor de la pierre, issue de la taille des silex, puis du travail des palettes à fard qu'ornent les premiers bas-reliefs où va s'affirmer le « style » pharaonique.

Désormais, l'art et l'architecture de l'Égypte sont prêts à éclore. Les techniques sont expérimentées et les formes sont en gestation. Il ne reste plus, au seuil de la IIIe dynastie, vers 2800 avant J.-C., qu'à mettre en œuvre ces acquis pour que des réalisations capitales viennent couronner ce long apprentissage.

Double page suivante :
Le transport d'un colosse égyptien.
Ce bas-relief d'une tombe du Moyen Empire à Beni Hassan a été reproduit en 1823 par le voyageur allemand Von Minutoli. L'analyse de cette scène montre que la statue monolithique du pharaon assis mesure environ 8 mètres de haut. Elle est solidement attachée à l'aide de cordes munies de tendeurs et fixée sur un traîneau de bois. Pour mouvoir cette charge, quatre groupes de 22 à 23 ouvriers tirent sur de grosses cordes. Debout sur le colosse, le chef de l'opération bat des mains afin que le travail s'effectue en rythme. Sur le devant du traîneau, un assistant répand de l'eau pour que les patins glissent sur le limon glaiseux. En bas, trois porteurs munis de balanciers sont chargés de six outres d'eau. Trois autres transportent un « escalier » de bois. Derrière le colosse se tiennent quinze chefs de groupe, alors qu'au-dessus six dizaines de surveillants, munis de verges et de masses, sont prêts à faire donner à la main-d'œuvre toute son efficacité dans l'effort. Ainsi, 172 personnes sont affectées à la manœuvre de cette sculpture de quelque 75 mètres cubes, pesant vraisemblablement 200 tonnes.

Une palette à fard en schiste à l'emblème du taureau.

Cette œuvre, symbolisant le pouvoir, date de 3500 à 3100 environ avant notre ère. Elle montre le roi, sous la forme d'un taureau furieux, foulant aux pieds un ennemi asiatique. Au-dessous, les emblèmes des *nomes,* ou provinces, sont unis par une corde représentant le pacte conclu entre alliés (Paris, musée du Louvre).

Vaisselle de pierre de l'Égypte préhistorique.

Dans les réserves souterraines de la pyramide de Djezer, ce ne sont pas moins de 40 000 vases de pierre – provenant de ses prédécesseurs – qui étaient entassés. Ces objets admirables, souvent réalisés en pierres dures (diorite ou granite), expliquent la maîtrise des techniques de taille de la pierre dès la Haute Époque (Paris, musée du Louvre).

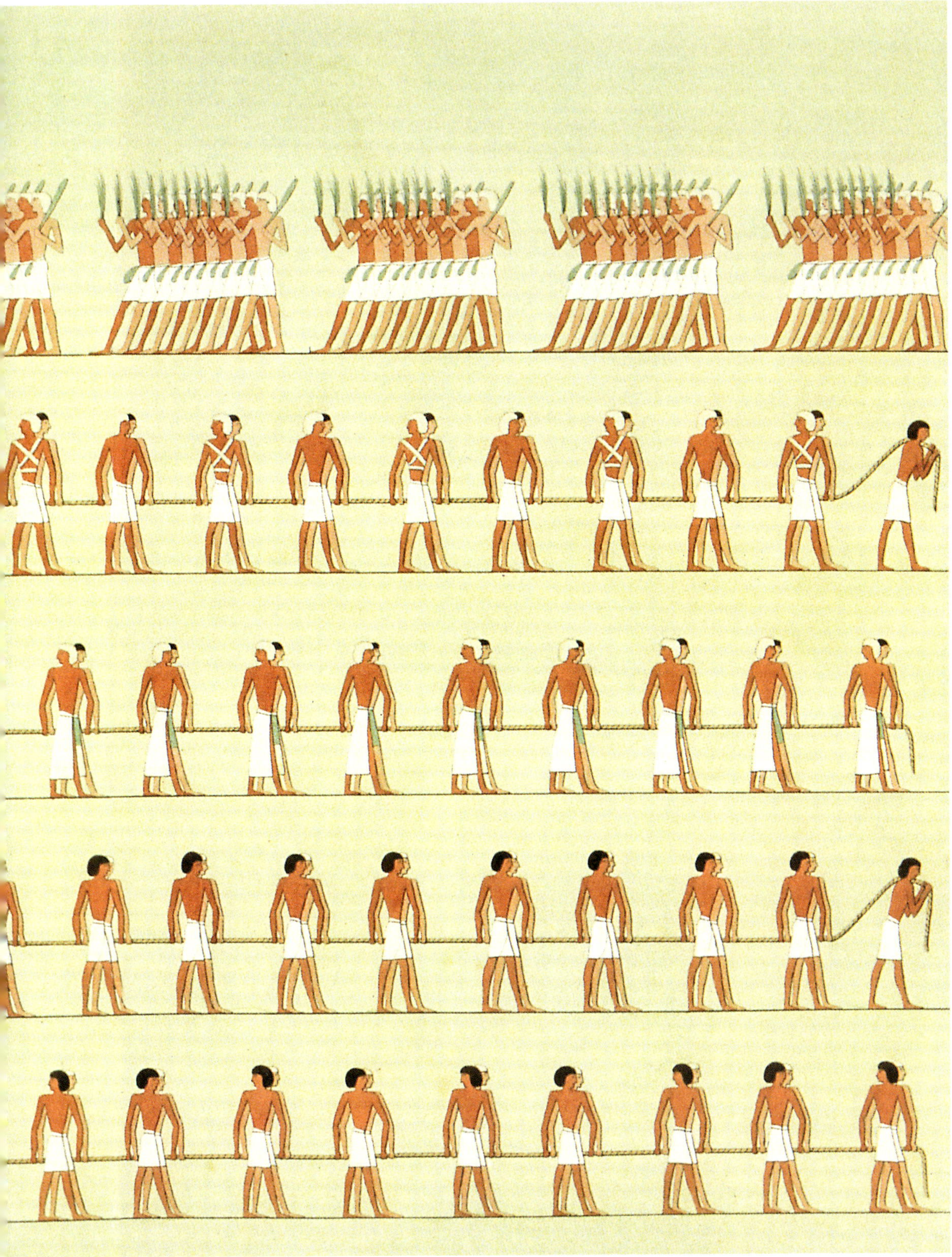

LE «DIVIN» IMHOTEP
ET L'ARCHITECTURE DE PIERRE

Si l'on résume alors l'évolution de l'Égypte au cours des millénaires de vie sédentaire qui se sont écoulés depuis l'apparition du néolithique jusqu'à l'éclosion soudaine et grandiose marquant le règne de Djezer, fils du fondateur de la IIIe dynastie, on constate que tous ces siècles antérieurs à l'histoire et à l'écriture ne sont qu'une patiente préparation, une maturation indispensable pour que jaillisse le chef-d'œuvre. Et que la brutalité du phénomène résulte d'un raccourci apparent, celui de la perspective du temps.

À partir de la hutte préhistorique des tribus établies en bordure de la vallée qu'inonde annuellement la crue du fleuve, puis des campements de pisé, de roseaux et de chaume, l'évolution de la construction est commandée en Égypte par une volonté de créer pour l'éternité : après les grandes sépultures de brique crue, aux murs redentés, qui caractérisent l'époque prédynastique, on s'achemine vers une architecture en dur.

Les premiers essais montrent une technique de petits blocs – analogues aux briques séchées – que l'on trouve dans les vastes mastabas du IIIe millénaire. Puis le génial architecte Imhotep, œuvrant pour le pharaon Djezer, réalise tout à la fois une immense cité funéraire murée, en bordure du désert, à Saqqarah, et une première pyramide, dotée de degrés, qu'entourent des quantités de chapelles factices, auxquelles on accède par un somptueux portique d'entrée. Cet ensemble construit en pierre de taille comporte également le dédale de ses appartements souterrains aux salles parées de faïence bleue.

L'architecture semble naître d'un seul coup, avec toutes ses qualités et ses attributs stylistiques : colonnes à chapiteau en bouquet de papyrus ou à tailloir dépouillé, fûts à cannelures élégantes, mur d'enceinte rythmé par des lésènes, édifices à toitures surmontées d'une corniche concave ou d'une couverture bombée, plafonds de rondins « pétrifiés » – les couvertures, originairement de bois, étant transposées ici dans la pierre –, frises de cobras, grandes scènes rituelles en bas-reliefs, statuaire de pierre à l'effigie du défunt, etc.

D'emblée, vers 2300 avant notre ère, la technique des assises de blocs appareillés avec soin, l'art de tailler la pierre (stéréotomie) et la figuration du décor s'affirment avec force. Les grands principes propres à l'art égyptien sont exprimés. Ils ne varieront plus guère que par des nuances stylistiques durant toute l'histoire pharaonique.

Mais l'architecture qui est née ici, en bordure de désert, est totalement factice : elle ne fait que figurer la cité et l'habitat des vivants. Fausses portes et fausses crapaudines, espaces internes inexistants, colonnes engagées qui ne sont qu'un décor plaqué sur un mur ou disposé en extrémité de parois. Ce qu'on a voulu réaliser en transposant dans la pierre de taille les constructions de bois et de lattes, les toitures de chaume et de palmes, c'est un simulacre parfait qui annonce, vingt-deux siècles à l'avance, les colonnades doriques, les portiques et les enceintes de l'architecture militaire hellénique, bref, tout un vocabulaire formel dont se nourrira l'art de bâtir durant des millénaires.

Dans cette nécropole de Djezer, édifiée par le grand Imhotep sur le plateau désertique de Saqqarah, le roi défunt doit vivre pour toujours au sein d'un environnement infiniment plus beau, plus parfait et plus durable que celui des palais de Memphis, où il habitait de son vivant. Car il s'agit là de sa demeure d'éternité.

Scène de sculpture datant du Nouvel Empire.
La peinture comprend deux colosses de granit – l'un assis, l'autre debout – et un sphinx de calcaire autour desquels s'affairent des artisans : ce décor de la tombe thébaine de Rekhmiré, à Abd el Gourna, datant de la XVIIIe dynastie (entre 1500 et 1300), a été copié par l'égyptologue Richard Lepsius. Il montre le vif intérêt porté par les anciens Égyptiens aux techniques et aux activités des chantiers. On y assiste aux dernières opérations de polissage et de retouches ciselées.

Ouvriers affectés à la production de briques crues.
Cette scène d'une tombe d'Abd el Gourna, à Thèbes, reproduite par Lepsius, permet de suivre la préparation des briques. Dans un bassin bordé d'arbres où poussent papyrus et lotus, deux hommes s'en vont quérir de l'eau avec de grandes cruches. En bas, des ouvriers s'attaquent à la houe à des tas de limon du fleuve. D'autres emportent la terre dans des seaux. Au centre, un maçon moule des briques de dimensions standardisées qui sèchent au soleil.

Ensemble de Djezer à Saqqarah

Au centre de l'enceinte de Djezer se dresse la première pyramide d'Égypte. Avec ses six degrés superposés, comme des mastabas disposés les uns au-dessus des autres, se constitue la forme pyramidale encore imparfaite. L'édifice culmine à 60 mètres de hauteur.

LE PROCESSUS DE «PÉTRIFICATION»

Cette « pétrification » des formes, cette transposition dans la pierre de constructions initialement conçues en brique procède d'une volonté de soustraire les édifices funéraires aux atteintes du temps. On cherche à leur conférer une éternité traduisant le caractère divin du pharaon auquel ils sont destinés comme dernière demeure.

C'est là qu'intervient le processus d'imitation par lequel commence l'opération. De même que les murs de brique crue avaient parfois reçu un habillage de brique cuite qui forme le processus d'imitation, le mur de pierre sera conçu comme un massif plus ou moins soigné qu'envelopperа un bel appareil aux assises régulières, bien dressées et ravalées avec soin. Cet appareil, qui reprend le principe des lits horizontaux déjà en usage dans les grands mastabas thinites, s'inspire également des dimensions réduites qu'avait le module des briques. Il adopte un système de blocs aux assises basses, ne dépassant guère celles des constructions de terre. Il faudra plusieurs générations pour que les architectes réalisent qu'en augmentant le volume des blocs ils gagneront en solidité tout en réduisant considérablement l'opération de taille. La découverte de ce principe aboutira, on le sait, aux gigantesques monolithes de l'Ancien Empire, par exemple au temple bas de Képhren, sur le site de Guizeh.

Pour l'heure, Imhotep, qui édifie pour le pharaon Djezer le premier grand ensemble entièrement conçu en pierre, doit résoudre une série de problèmes techniques essentiels. On peut suivre, grâce aux fouilles et aux anastyloses patiemment conduites dès 1930 et pendant plus de soixante années par Jean Philippe Lauer, de l'Institut français d'archéologie orientale au Caire, les tâtonnements et les trouvailles qui jalonnent la démarche de ce bâtisseur révolutionnaire.

Car c'est bien d'une révolution qu'il s'agit avec le processus de « pétrification » qu'adopte Imhotep. Son intrépidité éclate dès qu'on étudie l'enceinte construite autour de l'ensemble de Djezer : celle-ci reprend textuellement les formes de l'architecture redentée de brique, avec ses bastions en avancée, telle qu'elle fut énoncée dès la Ire dynastie.

Mais elle transpose la formule à une échelle colossale : la muraille de plan rectangulaire, rigoureusement orientée nord/sud, mesure 544 mètres de long sur 277 mètres de large et se dresse à 10,5 mètres de hauteur, soit 20 coudées. Elle se développe donc sur une longueur de 1642 mètres, enserrant une surface de 15 hectares au centre de laquelle se dresse la célèbre sépulture à degrés, la première des pyramides égyptiennes.

L'ÂGE DES GRANDES PYRAMIDES

Le règne de Djezer voit l'élaboration – encore empirique – de la première pyramide d'Égypte. Ce type de construction destiné, à recevoir et à protéger la dépouille mortelle du pharaon dieu, jouera un rôle considérable dans l'arsenal funéraire de l'Ancien Empire. Si les formes pyramidales proprement dites s'épanouissent durant la IVe dynastie, c'est sous Imhotep que l'on peut suivre la genèse de cette création architecturale qui deviendra le symbole même de l'art pharaonique, tant par son gigantisme que par sa pureté géométrique. Que s'est-il donc passé sous le règne de Djezer, alors que sort des sables du désert occidental, à Saqqarah, le premier grand complexe funéraire au centre duquel se dresse la pyramide à degrés ? Il semble bien que le dessein d'Imhotep n'était primitivement que de construire un énorme mastaba au milieu de l'enceinte rectangulaire en pierre de taille. Ce massif aux parois externes dotées de fruit, avec sa couverture légèrement bombée, devait recouvrir les appartements souterrains du défunt formés de multiples galeries, de salles et de magasins taillés dans le roc à une profondeur atteignant 28 mètres sous le plateau de Saqqarah. Ce premier tombeau carré mesurait 63 mètres de côté et 8 mètres de hauteur. Il fut porté dans un second temps à 71,5 mètres de côté. Puis l'idée d'une superstructure formée de quatre degrés analogues, en retrait les uns sur les autres, donna naissance à une pyramide initiale haute de 42 mètres. Au stade suivant, le monument fut agrandi sur deux de ses faces et compta 109 mètres sur 121 à la base (13 000 mètres carrés de surface) pour atteindre près de 60 mètres de hauteur. Avec les six degrés que comportait désormais la construction, cette pyramide totalisait quelque 260 000 mètres cubes de pierre et ressemblait à un colossal escalier dressé vers le ciel.

Vue de la base de Mykérinus, la troisième pyramide de Guizeh.

Ne dépassant pas 62 mètres de hauteur pour 108 mètres de large, cette pyramide amorce un reflux par rapport aux proportions gigantesques de l'Ancien Empire égyptien. On distingue sur les premières assises, à l'Est, le beau parement en granit d'Assouan qui n'est pas entièrement ravalé. Quant au gros œuvre, il présente des lits de blocs de calcaire disposés selon une horizontale parfaite. La pente des quatre faces est de 52° exactement, alors qu'à Khéops, elle est de 51° 56' et à Khéphren – la plus inclinée – de 52° 20. Le dallage, au premier plan, fait partie du temple haut qui est ruiné.

LA SIGNIFICATION DE LA FORME PYRAMIDALE

L'aspect géométrique des pyramides a de tout temps intrigué, suscitant de multiples interprétations. L'idée procède vraisemblablement du simple cône de sable formant tumulus sur la tombe, auquel les Égyptiens ont donné une forme pure en lui conférant une base carrée et des arêtes. Mais la signification de cette forme triangulaire, d'abord escalier géant gravissant le ciel à la rencontre de Râ, le Soleil, puis symbolisant avec la pyramide véritable les rayons de ce même Soleil-dieu, est analogue à la pierre sacrée d'Héliopolis. C'est cette image que concrétiseront le temple solaire de Niouserré, à Héliopolis (V[e] dynastie, vers 2500 avant J.-C.), puis les aiguilles de pierre que sont les obélisques qui se dressent dès le temps de Pépi Ier (VIe dynastie), pour matérialiser le rayonnement de l'astre du jour.

Lieu d'échanges entre le monde d'ici bas et l'univers des puissances célestes, des astres immortels vers lesquels monte le pharaon ressuscitant pour s'asseoir à la droite de Râ, son père, comme l'écrivent les *Textes des Pyramides*, ce triangle pointé vers le ciel est en quelque sorte une « échelle de Jacob » que gravissent et descendent les messagers des dieux.

Car la pyramide devient dès la fin de la Ve dynastie le réceptacle de très anciens écrits magico-religieux qui couvrent les parois des chambres sépulcrales : ces *Textes des Pyramides* comptent parmi les plus vieilles traditions sacrées qui nous soient parvenues et marquent le premier épanouissement de l'écriture hiéroglyphique. Formules pour se concilier les dieux, invocations et hymnes, souvent rendues impénétrables par une tradition orale trop longtemps répétée pour n'avoir pas subi d'altérations, forment dans les pyramides d'Ounas, de Téti, de Pépi Ier ou de Merenré, à Saqqarah, les grandes litanies du défunt lui assurant la survie dans l'au-delà.

La triade de Mykérinus, exemple du hiératisme de la statuaire durant l'Ancien Empire.
Dans sa perfection, cette œuvre en schiste, mesurant environ un mètre de haut et datant de 2600 avant J.-C., montre le pharaon divinisé. Mykérinus est flanqué, à gauche, de la déesse Hathor, mère céleste coiffée des cornes de vache entre lesquelles se lève le disque solaire, et à droite, de la terre du Nil, personnifiée par la divinité symbolisant le 17e *nome* de Haute-Égypte. Les corps des femmes sont étroitement épousés par des robes fourreaux qui ne cachent rien de leur beauté, alors que le roi, coiffé de la couronne blanche, porte un pagne plissé (Le Caire, Musée égyptien).

La salle sépulcrale de la pyramide d'Ounas, aux parois couvertes des *Textes des pyramides*.

Le dernier roi de la Vᵉ dynastie (vers 2450) introduisit la coutume de consigner, sur les parois du caveau funéraire des rois, de longues inscriptions hiéroglyphiques. Celles-ci fixent de vieux rituels relatifs aux étapes de la résurrection du pharaon. Les deux versants de la voûte en bâtière sont couverts d'étoiles. Au centre, la cuve du sarcophage où reposait le souverain.

LES MÉTHODES D'ÉDIFICATION

À partir des tâtonnements – géniaux – d'Imhotep, la maîtrise de la pierre de taille formant la masse des pyramides conduit à recourir à des éléments de plus en plus gros. L'appareil de Khéops est souvent formé, pour les lits inférieurs, de cubes de pierre de 1,5 mètre carré qui vont en s'amenuisant jusqu'à 0,5 mètre cube au sommet. Or, 2,5 millions de mètres cubes de calcaire local ou provenant des carrières de Tourah et du Mokkatam, près du Caire actuel, représentent quelques millions de tonnes de matériaux et 10 millions de blocs.

Comment fut extrait, taillé, transporté sur le plateau de Guizeh un tel volume de pierre ? La difficulté est d'autant plus grande que l'Égypte de la IVe dynastie ne possède pas de roue capable de supporter des charges importantes, pas d'animaux de trait, aucun instrument de levage, tel que grue ou palan, qu'exigerait pareille entreprise.

Le découpage des blocs dans la carrière s'opérait à l'aide de coins de bois sec que l'on insérait dans le roc en les disposant dans des trous étroits formant une sorte de ligne en pointillés. Mouillés, ces coins, en gonflant, faisaient sauter des quartiers de roche que l'on débitait en blocs égaux. La taille se faisait avec des masses et des outils de pierre dure ou de cuivre. Enfin, pour le transport sur le Nil des pierres de qualité, on recourait à des barques à fond plat ou à des radeaux.

C'est sur des traîneaux tirés par des équipes d'hommes attelés à des cordages que l'on déplaçait les blocs : grâce à une couche de limon du fleuve soigneusement arrosée – comme le montrent des reliefs anciens –, les patins de ces « charrois » glissaient sur le sol. Par des rampes, on faisait ainsi monter les matériaux vers le plateau désertique de Guizeh. Encore fallait-il, au fur et à mesure que la pyramide s'élevait par assises successives, hisser les pierres jusqu'au niveau atteint par le chantier.

Pour expliquer ces opérations, diverses hypothèses s'affrontent ou se complètent. L'une postule la construction simultanée d'une large rampe de brique séchée, s'appuyant sur l'une des faces de la pyramide. Elle aurait atteint une centaine de mètres de large à sa base, pour une longueur de 400 à 500 mètres. Le volume de cette rampe qu'il fallait sans cesse exhausser aurait représenté un tiers de celui de la pyramide elle-même, ce qui est énorme. Ensuite, il fallait la démolir. Pourtant, même dans le cas des pyramides inachevées, on n'en a pas retrouvé de trace indiscutable.

Du haut de la grande pyramide de Khéops, la vue embrasse celle de Khéphren, en bordure du désert.

Construite vers 2650 avant J.-C., Khéphren, la deuxième des pyramides de Guizeh, culmine à 135 mètres pour 215 mètres de base. Dans sa partie supérieure, elle a conservé le parement de calcaire qui devait la recouvrir entièrement. Khéops atteignait, pour sa part, 146,6 mètres de hauteur pour une base de 230 mètres (440 coudées). Son volume, de 2,6 millions de mètres cubes, représente 7 millions de tonnes de matériaux, entièrement transportés par l'homme.

À cette hypothèse de Lauer – une telle construction étant très dispendieuse en matériaux et en énergie – on oppose des rampes hélicoïdales de brique enveloppant la pyramide et s'élevant en pente douce. Mais cette formule se heurte à la difficulté suivante : lorsqu'un chargement atteignait un angle de l'édifice comment s'opérait la traction sur les blocs ? Faut-il supposer l'existence de larges plates-formes aux quatre coins de la rampe, permettant aux équipes de manœuvrer ? Cette solution a pourtant le mérite d'expliquer comment s'effectuait le travail de ravalement du parement recouvrant le massif construit : les ouvriers, tout en égalisant le revêtement, en polissant les faces, du sommet vers la base, éliminaient l'enveloppe de la brique qui dérobait à la vue les faces de la pyramide. Cette formule est la plus vraisemblable en ce sens qu'elle correspond effectivement aux exemples connus pour les chantiers des pylônes du Nouvel Empire.

On se gardera d'oublier, en outre, que les chambres internes des grandes pyramides étaient parées et couvertes de formidables dalles de granit d'Assouan pesant des dizaines de tonnes. De même, les chambres de décharge, ménagées au-dessus de la salle sépulcrale, nécessitaient des chevrons de pierre dont les « poutres » énormes devaient poser des problèmes ardus à des entrepreneurs privés de machines de levage. Enfin, l'organisation du chantier, si elle a recouru, comme le prétendent des textes tardifs, à de la main-d'œuvre servile, n'a pu être uniquement le fait d'esclaves, cela pour des raisons qui tiennent de la facture de l'ouvrage. La perfection que l'on constate suppose un patient travail collectif, une volonté animée par une foi commune dans le rôle bénéfique ou même salvateur du pharaon dieu. C'est pourquoi on postule que le souverain fournissait de l'ouvrage sur son chantier à toute la population des campagnes que la saison sèche plongeait dans l'inaction. Pendant plusieurs mois, après les récoltes et avant l'inondation ardemment souhaitée, les équipes étaient mises à contribution en échange de la nourriture accumulée dans les « greniers du pharaon ». Ce système fonctionnait comme une sorte d'assurance, empêchant la spéculation sur le grain lors des années de disette ou de « vaches maigres ».

Le temple bas de Khéphren, entièrement construit en granit d'Assouan.

L'une des trois nefs du temple de granit de Khéphren. On compte cinq piliers par rangée. L'édifice est entièrement construit sur le principe des « trilithes » – trois pierres – comprenant deux piliers sur lesquels repose un linteau colossal. Les dalles de couverture ont disparu. Ici, la sobriété et la simplicité majestueuse des formes atteignent un « classicisme » dépouillé et sévère.

L'ENSEMBLE FUNÉRAIRE ET LES ARTS

Les pyramides ne sont pas seules à polariser les efforts des constructeurs pharaoniques. On a évoqué les temples bas et haut que relie une chaussée couverte. Dans le cas du complexe de Khéphren, le sanctuaire inférieur, proche du Sphinx, a été en grande partie conservé sous les sables. Il nous permet d'imaginer la salle aux énormes piliers monolithes de granit rose, aux linteaux puissants que devaient surmonter de lourdes dalles de couverture : dans cet espace que n'éclairaient faiblement que des rangées de « soupiraux » en bordure des toits, des statues de diorite, de granit, de quartzite de schiste ou de calcaire figuraient le pharaon en majesté, debout ou trônant, exaltant sa toute-puissance, souvent associé aux dieux eux-mêmes dans les grandes triades divines.

Car, en même temps qu'éclôt l'architecture pharaonique, la sculpture, le bas-relief et l'écriture connaissent leur affirmation glorieuse. Par là même, c'est le « style égyptien » qui surgit, avec ses particularités. La statuaire revêt une permanence immuable à travers les personnages que l'artiste saisit dans la frontalité et la symétrie. Le bas-relief se caractérise par des déformations destinées à suggérer une représentation globale du réel, en insistant sur certains caractères essentiels du personnage : tête de profil, torse de face, jambes de profil. Le tout traduit une attitude figée, dont les premiers exemples schématiques apparaissent sur les palettes à fard prédynastiques en schiste, puis s'expriment sur les stèles du pharaon Djezer, pour trouver leur pleine efficacité stylistique durant les IVe et Ve dynasties (entre 2700 et 2400 avant J.-C.).

Outre la statuaire et les bas-reliefs qui envahiront les tombes des « nobles » à Saqqarah et à Guizeh, avec leurs vastes appartements contenus dans des mastabas alignés le long des rues formant les nécropoles qui ceignent les pyramides – véritables « cités des morts » –, il faut mentionner les immenses navires disposés, entiers ou démontés, au pied des sépultures royales. C'est le cas des deux barques de Khéops mises au jour en 1954, dont l'une est remontée aujourd'hui dans un musée approprié. Parfois qualifié de « barque solaire », ce navire servit en réalité aux cérémonies funéraires lors du transport du défunt, avec son riche mobilier, de la rive orientale à la rive occidentale du Nil, où il rejoignait le domaine des morts.

D'une longueur totale de 43 mètres, ce bateau de bois montre l'habileté des architectes navals de la vallée du Nil, travaillant de superbes poutres de cèdre du Liban. On sait en effet, que dès Snéfrou, étaient organisées des expéditions de dizaines de navires pour ramener des côtes de la Phénicie les troncs indispensables à la construction, qui faisaient totalement défaut en Égypte.

LES NÉCROPOLES DES NOBLES

Autour des pyramides, les tombes qui se blottissent sous la protection du pharaon dieu s'ornent de tout un répertoire figuratif, dont bas-reliefs et peintures évoquent la vie quotidienne des nobles, le travail des artisans et des paysans, les scènes de chasse dans les roseaux ou les activités religieuses, offrandes et sacrifices, qui rythment l'existence des hommes. Sur les parois intérieures des mastabas se déroule en une fresque grouillante de vie, la chronique finement observée d'un bonheur dont le défunt aime à s'entourer dans l'autre monde.

L'architecture navale était entièrement réalisée en cèdre du Liban.

Les formes les plus audacieuses, avec proue et poupe relevées, attestent une excellente navigabilité. Au centre, la cabine recevait voyageurs ou objets précieux transportés sur le Nil.
Pour les traversées en haute mer, il devait exister des bateaux de charge plus lourds et plus hauts de bord. Ci-dessous, la maquette moderne de la barque : avant de procéder au remontage, il fallut réaliser un modèle, au dixième, de la coque avec ses dix rames de nage, ses deux rames de gouverne et son abri protégeant rameurs et passagers des ardeurs du soleil. Chaque élément était analogue aux énormes pièces de bois anciennes et permettait une manipulation plus aisée : les bordés, en effet, vieux de quarante-sept siècles, pèsent 2 à 3 tonnes.

Statue de Ranofer, prêtre du dieu Ptah.
Datant de la Ve dynastie et provenant de son mastaba à Saqqarah, cette grande statue de calcaire (haut : 180 cm) remonte à 2500 avant J.-C. Elle montre la superbe idéalisation de l'image de l'homme – vigoureux, bien découplé et volontaire – qui avait cours durant l'Ancien Empire (Le Caire, Musée égyptien).

À l'entrée de sa tombe, le défunt accueille le visiteur.

Sur les montants de la porte conduisant à la chapelle funéraire, on voit le maître des lieux paré d'un large collier. Il tient une masse d'arme et une longue canne. On notera la curieuse représentation de la massue : elle passe derrière le personnage, alors que sa position impliquerait quelle soit figurée devant lui.

Bas-relief du mastaba de Houti (Ve dynastie), provenant de Saqqarah.

Contemporain de celui ci-dessous ce beau panneau sculpté en champlevé montre le défunt énumérant les offrandes qu'il fait pour son épouse Ketisen (invisible ici à droite), devant laquelle se dresse une autre table servie. Houti porte une perruque compliquée et un vêtement long, tenu sur l'épaule gauche par un gros nœud. Les détails de l'assemblage du siège, avec ses pattes d'animal, reproduisent chaque ligature (Le Caire, Musée égyptien).

Un beau décor de tombe de l'Ancien Empire à Guizeh, relevé par Richard Lepsius vers 1842.

Remontant à la Ve dynastie, ce panneau montre le défunt revêtu de la peau du félin réservée aux prêtres. Le personnage est assis sur un siège à pattes d'animal. Devant lui se trouve une table sur laquelle sont servis des pains. Des domestiques apportent des cuissots, et diverses denrées s'accumulent dans des coupes ou sur des plats, parmi des récipients à boissons diverses formant le viatique du mort.

Les « images » qui illustrent les textes hiéroglyphiques évoquent le personnage pour lequel fut édifiée cette demeure d'éternité. Elles commémorent certains événements biographiques, répertorient les dons et offrandes, figurent les gestes rituels. Elles se développent sur les murs comme un immense papyrus où se mêleraient les écrits et les illustrations. Partout s'agitent des travailleurs : moissonneurs et vendangeurs, charpentiers et constructeurs de bateaux, sculpteurs et orfèvres, processions de serviteurs chargés de cadeaux. Ici ce sont les animaux de boucherie, et là les bêtes sauvages que l'on traque dans le désert. Plus loin, des dizaines d'ouvriers traînent un colosse, d'autres confectionnent des meubles ou des boîtes précieuses. Bref, ces nécropoles sont un hymne à la vie.

Car il a fallu parer à tous les besoins du mort : désire-t-il la présence d'un gardien, d'un serviteur, d'une compagne de plaisir, c'est aux figurations des scènes ornant la tombe qu'il s'adressera pour qu'elles prennent vie comme lui-même. Et dès le Moyen Empire, on verra de petites statuettes – les *chaouabtis* – reposer près de la momie, prêtes à la servir. Chacune sera munie de son nom et sa profession, et le peuple de ces esclaves destinés à servir le maître, habitué à être obéi, finira par compter des centaines de ces figurines substituts d'un corps de servantes et de domestiques marquant le rang du possesseur de la tombe.

C'est là le paradoxe de cette Égypte, dont seule la maison des morts nous est parvenue, et dont le legs est, malgré tout, d'une joie spontanée qui contraste avec les sarcophages de pierre, les momies et les rites. La mort, dans les *Champs d'Ialou* qu'évoque le *Livre des Morts*, y prend des airs de sérénité et de béatitude.

Cet appui-tête en bois de l'Ancien Empire montre l'élégance des objets les plus usuels. Provenant d'une tombe découverte en 1911 par l'Italien Schiaparelli sur le site de Gebelein, en Haute-Égypte, cette pièce de mobilier remonte à la Ve dynastie (2450 avant J.-C.). Un tel objet, également en usage en Afrique noire, remplace les coussins, peu appréciés par les grosses chaleurs.
Celui-ci possède une grâce admirable.
Dans des bois exotiques, les artisans de l'époque confèrent aux moindres ustensiles de la vie quotidienne une qualité qui traduit l'exigence esthétique de tout un peuple (Turin, Museo Egizio).

Fausse porte de la tombe de la princesse Ouhemnefret à Guizeh, datant de la Ve dynastie.
Le principe de la fausse porte, surmontée d'un rouleau de store reliant les deux montants, comporte un décor stéréotypé : sur le linteau figurent le nom et les titulatures du défunt. Le « tableau » supérieur montre le mort assis devant une table dressée. De part et d'autre, les piliers de l'encadrement sont couverts de reliefs figurant des porteurs d'offrandes (Turin, Museo Egizio).

Salle à pilliers dans le mastaba de Mérérouka à Saqqarah.
Datant du règne du pharaon Téti (2420 avant J.-C.), ces vastes appartements d'un prêtre qui avait épousé une fille royale ne comptent pas moins de 32 chambres. Mérérouka, dit Méri, figure sous forme de statue dans la niche, à gauche. L'image du défunt se retrouve sur les bas-reliefs des piliers, où il est revêtu de la peau de panthère du haut clergé.

EFFONDREMENT, RÉVOLUTION ET RENAISSANCE AU MOYEN EMPIRE

III

L'Ancien Empire, qui couvre un demi-millénaire (de 2700 à 2200 avant J.-C.), s'achève dans le tumulte et la révolte. Une insurrection terrible plonge le pays dans près de deux siècles d'anarchie. Époque dramatique dont le souvenir restera à jamais comme une image de terreur dans la mémoire des Égyptiens. Que s'est-il passé ?

À la fin de la VIe dynastie, on assiste à un lent déclin, favorisé par le règne de Pépi II, pharaon centenaire qui reste, semblerait-il, quelque quatre-vingt-quatorze ans sur le trône. La routine, le relâchement de l'autorité, les désordres non réprimés conduisent durant ce trop long règne à une carence du pouvoir central.

Ce progressif affaiblissement, favorable aux séditions, à l'apparition de princes locaux, qui déclarent indépendante leur province, ou *nome*, seront la cause du dérèglement de tout le système politico-social. La savante mécanique agricole mise au point par des siècles de travail collectif s'enraye : les canaux ne sont pas entretenus, les réserves de grain ne sont plus reconstituées, la production baisse si catastrophiquement que la famine s'installe.

Désormais, le mécontentement qui gronde dans un pays où ne subsiste que l'apparence de l'organisation sur laquelle se fondaient sa puissance et sa prospérité se donne libre cours. Il gagne de proche en proche l'ensemble du royaume que secoue une révolution sanglante.

Les textes du Moyen Empire qui relatent avec effroi cette période de bouleversements font état de soulèvements de bandes de déshérités qui s'en prennent aux riches propriétaires, saccagent les temples et les tombeaux, éventrent les pyramides pour les vider de leurs fabuleux trésors, de leur merveilleux mobilier, de leurs parures inestimables. Ils s'emparent même des momies des rois jadis vénérés comme des dieux. Écrits a posteriori sous forme de prophéties – selon une convention littéraire qui se perpétuera jusqu'aux textes d'Esaïe et de Jérémie –, ces témoignages attestent l'horreur que suscitèrent dans l'âme égyptienne l'anarchie et la violence. Car rien ne résista à la fureur des foules déchaînées : toutes les protections des tombeaux, toutes les ruses – faux accès, galeries en cul-de-sac, herses de granit abaissées après l'ensevelissement, bouchons énormes entrecoupant les puits – n'ont pas suffi à soustraire aux convoitises et à la vindicte populaire les richesses entassées pendant des générations dans les tombes royales, pas plus que dans les mastabas des nobles. Palais incendiés, sépultures violées, nobles dépouillées, incursions de nomades du désert achèvent de bouleverser l'ordre des valeurs, d'ébranler tout le système religieux.

Ces temps d'apocalypse et de tragédie, qui durent près de deux siècles, forment ce que les historiens nomment la première période intermédiaire.

Ils couvrent des « dynasties » mal définies dans lesquelles les souverains se succèdent à un rythme effréné : de la VIIe à la Xe dynastie (2250-2050), les rois ne règnent qu'en théorie. La Basse, la Moyenne et la Haute-Égypte ont leur existence propre, aux mains de princes indépendants, constituant une manière de féodalité.

Sésostris III, portrait d'un pharaon désabusé et amer qui régna en Basse-Égypte vers 1850 avant J.-C. (détail)

Cette tête de granit rose, trouvée dans le temple d'Amon à Karnak en 1970, est l'un des exemples les plus saisissants de la statuaire pharaonique (Louxor, musée d'Art égyptien ancien).

LA RESTAURATION SOUS MENTOUHOTEP II

C'est de Haute-Égypte, dans la région thébaine, que provient le mouvement de renaissance qui permet au pays de retrouver son unité, son calme et sa prospérité, de reprendre son activité artistique et de redonner la confiance dans les dieux et le clergé.

Résidant à Thèbes – nouvelle capitale de l'Égypte unifiée –, la XIe dynastie est connue surtout pour son principal souverain, Mentouhotep II Nebhetepra, qui construisit, vers 2040 avant J.-C., son temple funéraire au pied de la falaise de Deir el Bahari. Cet édifice dénote une conception révolutionnaire. Régi par un axe perpendiculaire à la montagne thébaine, le complexe de Mentouhotep se développe sur une centaine de mètres de longueur avant de s'enfoncer profondément dans la roche : une galerie de 150 mètres, qui s'achève par la salle du sarcophage, pénètre dans les entrailles de la terre.

La perspective débute par des jardins plantés d'arbres sacrés entre lesquels s'élève une rampe en plan incliné qui franchit un premier portique de piliers disposés sur

Une œuvre révolutionnaire : le temple funéraire de Mentouhotep II.
Au pied de la falaise de Deir el Bahari, cet édifice très ruiné offre, malgré tout, un projet lisible. Son plan incliné conduit aux portiques qui ceignent une sorte de mastaba à étage. Après une salle hypostyle qui fait la liaison en hémispéos avec la montagne, l'hypogée s'enfonce profondément dans la roche.
Sur l'esplanade qui précède la première terrasse, on distingue les trous aménagés pour cultiver des arbres à encens.

Une œuvre révolutionnaire : le temple funéraire de Mentouhotep II.

L'un des reliefs représentant la belle Achaït, concubine royale du pharaon Mentouhotep II (2040). Elle porte perruque et robe ajustée avec des bretelles étroites. Parée d'un beau collier à plusieurs rangs, de bracelets aux bras et aux chevilles, elle tient une fleur de lotus et une clé de vie (Le Caire, Musée égyptien).

deux rangs de dix supports de chaque côté. Elle gagne une terrasse sur laquelle se dresse un second portique aux piliers identiques. Celui-ci se développe en U autour d'un massif formant le troisième niveau. Cette ceinture de cent douze piliers, auxquels s'ajoutent les quarante de la façade inférieure (soit cent cinquante-deux supports), devait former l'encadrement d'une structure carrée de maçonnerie pleine dans laquelle les auteurs de reconstitutions ont vu d'abord une pyramide, avant de supposer qu'il s'agissait d'une sorte de mastaba plein à couverture plate.

Derrière ce vaste massif en terrasses, de près de 70 mètres de côté, une cour à péristyle précède une salle totalisant quatre-vingt-huit colonnes octogonales de type dit « protodorique » : c'est le saint des saints. Alentour se dressent les parois taillées dans la montagne au flanc de laquelle s'insère cette partie du temple.

De là s'enfonce sous la Cime de l'Occident (montagne qui domine Thèbes) la galerie souterraine conduisant à la salle du sarcophage. Par sa forme caractéristique, le sommet thébain qui se dresse en face de Karnak a suggéré aux Anciens l'image d'une pyramide naturelle, sous laquelle ils voulurent abriter leur tombeau.

L'intérêt de cette formule architecturale originale réside dans l'influence qu'elle exercera jusqu'en plein Nouvel Empire, sous le règne de la reine Hatchepsout et de son successeur Thoutmosis III : on retrouvera, en effet, dans leurs temples funéraires le principe des rampes, des portiques sur piliers, des terrasses et des colonnes protodoriques, ainsi que des chapelles creusées dans la montagne.

LE RETOUR DU PHARAON À MEMPHIS

Dans l'esprit des Égyptiens, la restauration ne fut probablement totale que lorsque les souverains regagnèrent la cité de Memphis, vers 1990 avant J.-C. C'est ce que fit la XIIe dynastie. Ainsi, le Moyen Empire renouait pleinement avec la grande tradition de l'Ancien Empire. Et les pharaons recommencèrent à bâtir des pyramides, à Licht, dans le Fayoum, et à Saqqarah, pour y être ensevelis. Certes, la technique avait évolué. Désormais, c'est sur le principe de structures formées de murs en diagonales, avec une série de ramifications, que furent érigées les pyramides des Amenemhat et des Sésostris. Entre ces raidissements internes, les massifs étaient formés par un bourrage de cailloux ou de brique crue recouvert d'un magnifique parement poli.

Le Moyen Empire ne conserve, hélas, que de rares vestiges de sa grande architecture. Les pyramides, construites hâtivement « à l'économie », ont été totalement ruinées. Quant aux temples, il n'en subsiste que des fragments.

LA CHAPELLE BLANCHE

Une seule exception, mais d'une admirable qualité – qui permet de mesurer l'ampleur des pertes –, réside dans la fameuse Chapelle Blanche de Sésostris Ier à Karnak. Édifié vers 1940 avant notre ère, ce chef-d'œuvre nous est parvenu, miraculeusement, presque intact. Il revit aujourd'hui grâce à une restauration (anastylose) exemplaire, réalisée il y a une cinquantaine d'années par l'égyptologue français Henri Chevrier.

Ce précieux kiosque, reposoir de la barque sacrée, avec ses rampes axiales conduisant de part et d'autre à l'édifice carré à seize piliers de calcaire blanc, surmonté de la gorge égyptienne, fut entièrement démonté sous la XVIIIe dynastie (Nouvel Empire). Ses matériaux, admirablement ornés de reliefs, servirent à remplir le troisième pylône du temple de Karnak, où l'archéologue les retrouva. La lecture des textes et des scènes ornant toutes les faces de l'édifice et une infinie patience permirent à Henri Chevrier de reconstituer cet immense puzzle. Ainsi réapparut l'une des créations les plus attachantes de l'architecture pharaonique.

Par sa pureté, sa simplicité raffinée, cette Chapelle Blanche représente certainement l'exemple le plus explicite qui nous soit parvenu de la maîtrise des bâtisseurs durant le Moyen Empire.

Chef-d'œuvre de l'art classique de la XIIe dynastie, ce reposoir de la barque sacrée a été entièrement remonté. Accessible par deux plans inclinés, l'édifice de calcaire blanc de plan carré, à seize piliers, offre son volume très pur, surmonté de la gorge égyptienne et ceint des tores d'angles. C'est le pharaon Sésostris Ier qui le fit construire à Karnak, vers 1940 avant notre ère. Les blocs de cette chapelle, démontée sous Aménophis III, ont servi de bourrage dans le troisième pylône du temple d'Ainon. Ils formaient un immense puzzle que l'égyptologue Henri Chevrier parvint à reconstituer vers 1940 de notre ère, en s'aidant des textes et des scènes sculptées.

Intérieur du Kiosque de Sésostris Ier, avec ses reliefs en champlevé, vieux de quatre mille ans.

Sur les piliers, on distingue les effigies viriles du dieu Min coiffé de deux hautes plumes. Dans une pose hiératique, il tient le bras droit levé, pendant que le gauche, invisible, brandit le fléau royal. Au premier plan, la base de granit qui permettait de déposer la barque sacrée que les prêtres portaient en procession les jours de fête.

Sésostris Ier fait l'offrande d'onguents balsamiques au dieu Min, le maître générateur.

Le pharaon, portant la couronne de Haute-Égypte, présente son sacrifice au dieu, symbole de la végétation.

Bas-relief décorant la Chapelle Blanche de Karnak qui atteste la maîtrise des sculpteurs du Moyen Empire.

La trop grande rareté des œuvres de cette période fait déplorer l'absence ou la ruine des monuments plus importants, et en particulier des grands temples.

L'ESSOR DU FAYOUM

La grande œuvre du Moyen Empire consiste dans le rapide développement donné à une région de l'Égypte encore en friche : le Fayoum, vaste oasis située à l'ouest de Licht et de Dashour. Grâce à des travaux de canalisation d'une branche du Nil nommée Bahr Youssef, les riches territoires de la dépression du Fayoum furent soigneusement irrigués. Des colonies s'y établirent, faisant « fleurir le désert » autour des marais et du lac Karoun, que hantaient crocodiles et hippopotames. La prospérité de ces terres nouvelles mises en exploitation par les pharaons au Moyen Empire dota le pays d'un véritable grenier à blé, ainsi que d'un verger d'une grande fertilité.

C'est au Fayoum qu'Amenemhat III édifia sa pyramide, flanquée par un édifice qualifié de « labyrinthe » par Hérodote. Au pied de cette pyramide, dite d'Haouara, un vaste complexe de calcaire, formé d'une série de chapelles à toiture cintrée, devait constituer, avec ses circulations et ses dépendances, un ensemble important que sa complexité et son état de délabrement rendaient incompréhensible, d'où l'interprétation erronée qu'en donna le voyageur grec.

Dans les tombes du Moyen Empire, à Beni Hassan, Champollion a relevé des scènes où figurent des Bédouins.
La tombe de Khnoumhotep date du règne de Sésostris II (1900 avant J.-C.).
On y voit des Asiatiques se déplacer dans le désert. Ce sont des hommes de la tribu des Amou avec leur âne, qui transportent armes et bagages : l'arc, le carquois et le casse-tête, ainsi que la lyre des prophètes, instrument que l'Égypte n'adoptera qu'au Nouvel Empire.
Ces décorations, avec leur polychromie, ont été publiées à Paris en 1835.

Double page suivante :

Les tombes de Beni Hassan montrent les tentatives des Bédouins pour domestiquer les gazelles du désert.

Ce relevé de Champollion, dans la tombe de Khnoumhotep (XIIe dynastie), les montre apprivoisant et engraissant les espèces sauvages du désert. Les Amou sont toujours représentés avec une abondante chevelure et une barbe noire. Leurs gros tissus de laine – en particulier le manteau de berger à chevrons et motifs polychromes – se distinguent des pagnes et des fines robes de lin des Égyptiens.

LES TOMBES
DU MOYEN EMPIRE

Dans les régions de Beni Hassan, d'Assiout, de Gebelein et d'Assouan subsistent des tombes privées datant aussi bien de la première période intermédiaire que du Moyen Empire. Celles de la XIIe dynastie (1990-1780), taillées dans le roc de la falaise occidentale, se caractérisent souvent par des salles hypostyles, tant à piliers carrés qu'à colonnes dites protodoriques. Ces tombeaux contenaient, outre le décor usuel de bas-relief et de textes une série de modèles ou maquettes en bois figurant des navires, des habitations, des magasins ou même des troupes et des serviteurs.

Ces représentations plastiques avaient certainement valeur, comme les scènes sculptées ou peintes, de substituts de la réalité, destinés à subvenir aux besoins du défunt dans l'outre-tombe. De tels modèles, dont l'aspect touchant et parfois naïf nous émeut, nous aident à comprendre le caractère de la demeure privée ainsi que le fonctionnement des bateaux à voile navigant sur le fleuve et même sur la Méditerranée.

LES FORTERESSES QUI DÉFENDENT L'ÉGYPTE

On a vu que l'enceinte redentée de Memphis – le Mur Blanc des textes – qui servit de modèle à Djezer pour son complexe funéraire de Saqqarah était une fortification. Le luxe technologique de cette construction témoignait des progrès de la poliorcétique (l'art d'assiéger des villes) dès l'âge prédynastique, c'est-à-dire avant le IIIe millénaire. Avec ses tours et ses courtines, son chemin de ronde, ses portes situées dans des renfoncements, elle permettait aux défenseurs de dominer les assaillants sur leurs flancs. Ainsi, la muraille d'Imhotep figeait dans la pierre une architecture primitivement édifiée en brique crue, dont l'origine remontait à la première unification du pays.

Par la suite, l'ère de paix qu'inaugure l'Ancien Empire n'exige d'autre fortification que les postes avancés occupés par l'armée dans les territoires conquis. Le Moyen Empire perpétue la politique d'expansion des pharaons qui s'installent en Haute-Nubie. Sous Sésostris III, on construit sur la frontière méridionale une véritable chaîne de forteresses.

À Bouhen, au niveau de la deuxième cataracte, subsiste en bordure du fleuve une place forte carrée, énorme, qui couvre deux hectares et demi. Elle est munie de glacis et d'un fossé. Derrière une première muraille que jalonnent des bastions semi-circulaires, se dresse l'enceinte redentée, haute d'une dizaine de mètres et épaisse de cinq mètres, entièrement en brique crue.

Régulièrement, les tours carrées sont séparées par des courtines. Des créneaux devaient couronner les murs. Quant aux tours rondes, elles présentent deux niveaux d'archères. Des vestiges d'encorbellements semblent indiquer la présence de mâchicoulis.

Sésostris III : portrait d'un pharaon désabusé et amer qui régna en Basse-Égypte vers 1850 avant J.-C.

Cette tête de granit rose, trouvée dans le temple d'Amon, à Karnak, en 1970, est l'un des exemples les plus saisissants de la statuaire pharaonique. Après les souverains radieux et idéalisés de l'Ancien Empire, le pharaon du Moyen Empire souligne son humanité (Louxor, musée d'Art égyptien ancien).

Bastion semi-circulaire de la forteresse de Bouhen, en Haute-Nubie.

Dès le Moyen Empire, l'Égypte fortifie sa frontière sud. La cité de Bouhen, au niveau de la deuxième cataracte du Nil, au sud d'Abou Simbel, formait un verrou important contre les incursions des « Éthiopiens ». Cette architecture faite d'épais murs de brique crue a suscité une science défensive élaborée. Derrière une première enceinte bastionnée et un glacis se dresse la muraille aux courtines jalonnées de tours carrées.

L'INVASION DES HYKSOS

Cette réalisation spectaculaire montre quel soin mettaient les Égyptiens à empêcher toute incursion de la part des bandes de Nubiens désirant pénétrer dans la vallée du Nil. Mais c'est à d'autres envahisseurs – venant du Nord, là où les frontières sont plus difficiles à défendre – que le royaume des Deux-Terres devra faire face dès la fin du règne d'Amenemhat III, vers 1800 avant notre ère. Sous la pression des événements, les forces égyptiennes qui détenaient Byblos et Ougarit, en Syrie, ne tardent pas à perdre leur empire asiatique. Elles sont en butte à un mouvement de migration de tribus nomades issues de Palestine, auxquelles Manéthon donne le nom de Hyksos.

Les vagues de ces envahisseurs plongent progressivement le pays dans la détresse : les textes évoquent les atrocités qu'ils commettent dans le Delta. La XIIIe dynastie, qui avait connu de terribles bouleversements, ne compta pas moins de soixante rois. La XIVe comprend plusieurs roitelets n'ayant guère d'autorité que dans leur *nome*. Et lorsque les Hyksos se proclament maîtres de la Basse-Égypte, à partir de la capitale qu'ils se donnent, dès 1675, à Avaris, dans le Delta oriental, le pays sombre dans la décadence sous les XVe et XVIe dynasties (dès 1660 avant J.-C.).

À nouveau, après l'« âge d'or » du Moyen Empire, et le faste que démontrent les somptueux trésors découverts à Illahoun et Dashour, l'Égypte entre dans une phase de régression et de troubles : c'est la seconde période intermédiaire. Alors que les régions aux mains de ces « barbares » sont plongées dans les affres de l'occupation, le renouveau, une fois de plus, provient de la Haute-Égypte : à Thèbes se constitue une XVIIe dynastie indépendante qui s'efforce, de 1650 à 1550 environ, de faire survivre le legs du monde pharaonique.

Ci-contre et pages suivantes :
Modèles de bois découverts dans la nécropole des princes d'Assiout.
Lors des fouilles qu'il entreprit sur ce site de Moyenne-Égypte, au sud de Tell el Amarna, l'égyptologue italien Schiaparelli mit au jour la tombe d'un dignitaire du Moyen Empire nommé Shemès. De petits personnages de bois, sculptés avec soin, voisinent avec des modèles de navires. À leur bord, des rameurs font face au maître de nage qui rythme l'effort, alors qu'à la proue une vigie, debout, est chargée de signaler les hauts fonds (Turin, Museo Egizio).

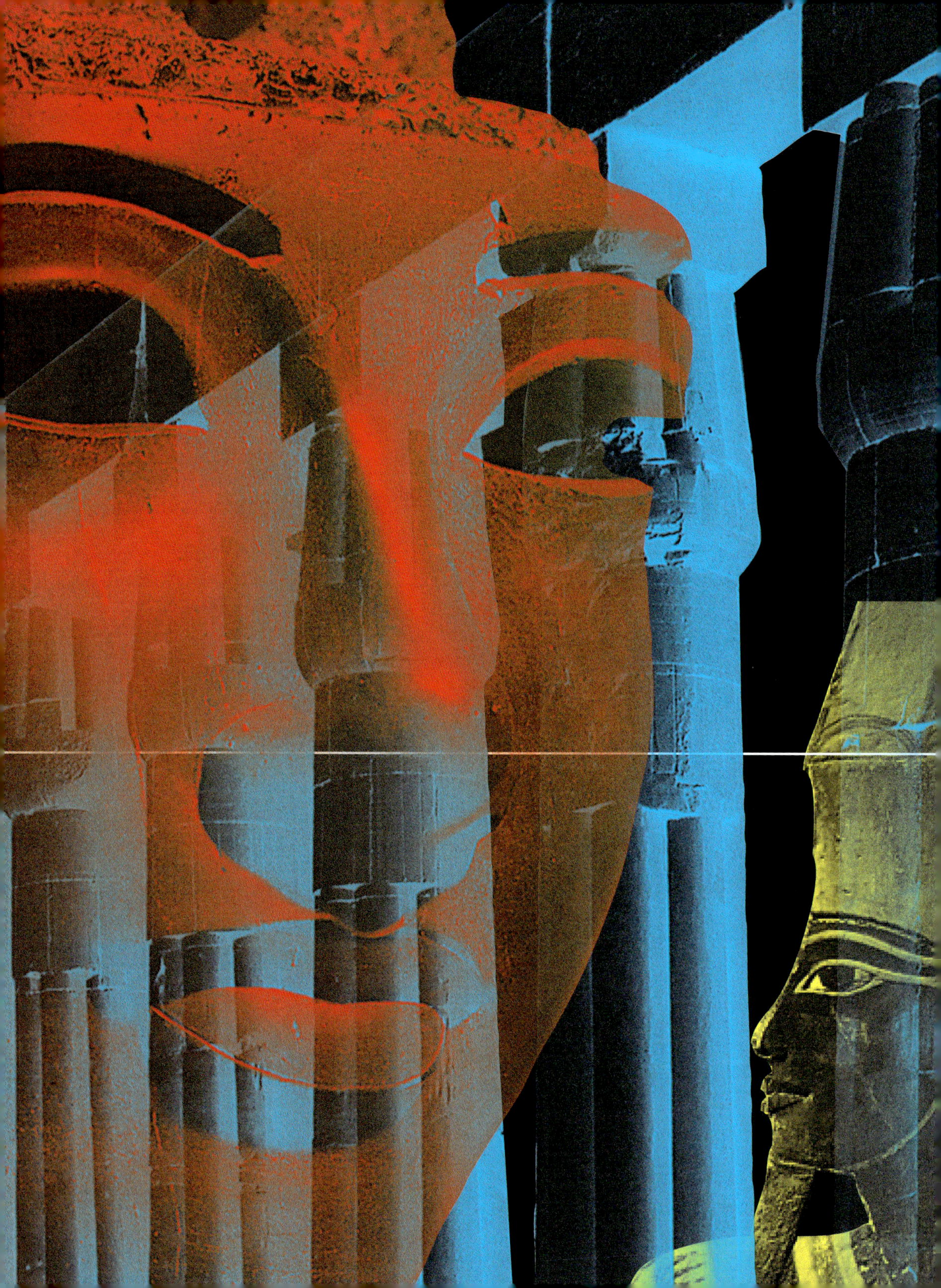

AFFIRMATION DE LA HAUTE-ÉGYPTE : L'ÉCLOSION DE ARTS DU NOUVEL EMPIRE

IV

Par deux fois déjà, la Basse-Égypte, c'est-à-dire le Delta jusqu'à Memphis, avait été le cadre de dramatiques convulsions. Une révolution terrifiante avait été suivie, quelques siècles plus tard, par une invasion étrangère. L'une et l'autre avaient jeté le pays dans un chaos indescriptible. Chaque fois, le salut était venu de la Haute-Égypte, et plus particulièrement de la région de Thèbes, 500 kilomètres plus au sud, où l'éloignement et un certain isolement avaient permis la reconstitution des structures du pouvoir.

Dans le premier cas, l'avènement de Mentouhotep avait souligné l'importance nouvelle que prenait le Royaume du Sud. Mais le retour à Memphis des pharaons de la XIIe dynastie rendit au Royaume du Nord sa prééminence traditionnelle.

La seconde fois, pourtant, l'heure de la Haute-Égypte pouvait sonner, faisant de Thèbes – la « Thèbes aux cent portes » des auteurs grecs – le centre réel du pays des Deux-Terres. C'est là que devait se développer l'une des plus vastes cités de l'Antiquité, au milieu d'un véritable paradis.

Ce site enchanteur de la vallée – au confluent des défilés arides du Ouadi Hammamat, formant l'une des rares liaisons naturelles avec la mer Rouge et dans une région d'une exceptionnelle fertilité malgré sa relative étroitesse due aux deux chaînes de montagnes, libyque et arabique, qui la bordent – devint vers 1550 la capitale d'un empire dont la puissance s'étendit, durant la XVIIIe dynastie, sur l'ensemble du Proche-Orient.

Ce beau visage, presque féminin, est celui d'un grand pharaon bâtisseur : Aménophis III.

La lèvre finement ourlée, les yeux et les sourcils jadis garnis d'incrustations de pierres de couleurs, ce portrait en obsidienne d'une pureté extrême a suscité nombre d'interprétations. Parmi les réalisations d'Aménophis III qui règne vers 1400 avant notre ère, on mentionnera les temples d'Amon à Karnak et à Louxor les Colosses de Memnon devant son Aménophium, aujourd'hui disparu, et une vaste tombe dans la Vallée des Rois.

LA RESTAURATION

Le sursaut « national » vient donc des provinces méridionales sur lesquelles les rois des Hyksos ne parvinrent à s'imposer : le souverain Kamôsis, dernier pharaon de la XVIIe dynastie qui règne à Thèbes, est l'artisan de la renaissance égyptienne. Il bat les Hyksos et s'empare de Memphis. Puis son frère Amôsis, ayant pris Avaris vers 1580, chasse les « barbares » et fonde la glorieuse XVIIIe dynastie qui donnera à l'Égypte certaines de ses plus grandes figures.

La période du Nouvel Empire, qu'instaure le règne d'Amôsis, durera près de cinq cents ans. Elle se caractérise par son dynamisme et par l'affirmation de la puissance pharaonique comme guide du monde proche-oriental. Pour l'historien de l'architecture et des arts, elle représente aussi l'âge sur lequel les sources et les documents sont les plus nombreux. Elle regroupe la plus grande quantité de monuments, dont certains, comportant d'innombrables inscriptions et d'admirables reliefs et peintures, nous sont parvenus dans un remarquable état de conservation.

La première phase de ce Nouvel Empire – où s'illustre la lignée des Aménophis et des Thoutmosis – se déroule entre 1550 et 1364. Elle s'achèvera lors de la crise amarnienne : l'hérésie d'Aménophis IV, alias Akhenaton, met un point final à la XVIIIe dynastie.

L'obélisque de granit dressé par Thoutmosis Ier à l'entrée du quatrième pylône de Karnak.
Cette aiguille de pierre, haute de 23 mètres et pesant 143 tonnes, fut érigée aux environs de 1530 avant notre ère, devant le premier temple de Karnak datant du Moyen Empire.

La chapelle reposoir d'Aménophis Ier (remontée par les archéologues du temple de Karnak).

Cet édifice, dont les blocs ont été retrouvés – comme ceux du Kiosque de Sésostris Ier – dans le troisième pylône du temple d'Amon, est le fruit d'une belle anastylose. Il était destiné à recevoir la barque sacrée lors des processions solennelles.
La sobriété de cette œuvre du début de la XVIIIe dynastie (vers 1550 avant J.-C.) – avec ses tores d'angles et sa gorge égyptienne – est une survivance du Moyen Empire.

Portrait du pharaon Aménophis Ier portant la barbe postiche et le « némès ».

Cette statue, en calcaire peint, a conservé sa polychromie. Elle servit au culte du souverain. En effet, Aménophis Ier (vers 1560 avant J.-C.), deuxième roi de la XVIIIe dynastie et fondateur de la nécropole royale de Thèbes, était vénéré par les ouvriers du village de Deir el Médineh. Il s'agit d'une œuvre d'époque ramesside (vers 1250 avant J.-C.).
Elle appartint de la collection Drovetti, constituée avant 1824 (Turin, Museo Egizio).

Après les victoires d'Amôsis, Aménophis Ier, son fils, entame l'œuvre de reconstruction, marquée par la reprise du travail dans l'ensemble du pays, la remise en ordre de l'agriculture, le rétablissement de l'irrigation, le renouveau des échanges et le retour de la prospérité. Sous les règnes de Thoutmosis Ier et de Thoutmosis II (1530-1504), les armées pharaoniques se lancent dans une phase d'expansion irrésistible en Asie proche-orientale.

Mais des troubles dynastiques interviennent à la mort de ce dernier souverain, qui avait été le premier mari d'Hatchepsout. Celle-ci épouse alors le tout jeune Thoutmosis III, son neveu, qu'elle écarte du trône. Car c'est elle qui exerce désormais la réalité du pouvoir royal, dont elle assume la charge avec son « vizir », l'architecte Senenmout. Elle règne comme un homme, se faisant représenter parfois avec la barbe postiche et le pschent.

Délaissant les campagnes militaires vers l'Est, Hatchepsout se consacre, de 1504 à 1483, aux grandes réalisations architecturales, dont le chef-d'œuvre est son temple funéraire de Deir el Bahari, proche de celui de Mentouhotep. Pendant tout ce temps, Thoutmosis III, humilié, ne peut qu'attendre la mort de sa tante honnie pour monter sur le trône et assouvir sa vengeance.

Statue colossale en granit figurant la reine Hatchepsout.
Revêtue des insignes du pharaon, elle porte le « némès », l'uraeus, ou cobra protecteur au front, et… la barbe postiche. Pourtant les traits sont féminins dans cette œuvre qu'usurpa Thoutmosis III après la mort de sa tante détestée (Le Caire, Musée égyptien).

Pages suivantes :
Devant la haute falaise de Deir el Bahari, le temple de la reine Hatchepsout déploie ses trois niveaux de terrasses.
Construit vers 1490 avant J.-C., cet édifice funéraire, réalisé par l'architecte Senenmout pour la « pharaonne », dont il était le vizir, reprend en l'amplifiant la formule déjà mise en œuvre par Mentouhotep II. On distingue d'ailleurs au second plan la rampe et la terrasse du bâtiment du Moyen Empire. Dans le cirque rocheux, au pied de la montagne thébaine, les longues horizontales du sanctuaire de la reine, avec ses terrasses reliées par des plans inclinés, frappe l'observateur par son étonnant modernisme.

THÈBES : TEMPLES FUNÉRAIRES ET TEMPLES DIVINS

Le principal intérêt de Thèbes, sur le plan architectural, réside dans le fait que la nouvelle capitale ne livre plus seulement, comme Memphis, des vestiges funéraires sis sur la berge occidentale du Nil, c'est-à-dire sur la « rive des morts », mais également des monuments affectés au culte des grandes divinités égyptiennes. En réalité, les sites de Memphis et d'Héliopolis n'ont guère laissé de bâtiments significatifs.

Si l'on ne connaît pas l'aspect des lieux de culte construits dans les villes de l'Ancien Empire, en revanche, à Thèbes subsistent de grands temples divins : en particulier à Karnak, le sanctuaire d'Amon, dieu solaire, dont le clergé dirigeait une fondation remontant au Moyen Empire, et à Louxor, un autre sanctuaire d'Amon-Râ, destiné à célébrer la fête de l'Opet et sa procession solennelle.

Thèbes offre donc, outre les créations funéraires, plusieurs sanctuaires consacrés aux cérémonies de la religion égyptienne et destinés aux rites quotidiens qui unissent le peuple de la vallée à ses dieux. Car, dans les temples édifiés sur la rive orientale, les populations ont accès à certaines cours, où chacun peut prononcer des invocations, exprimer des vœux, bref, prier.

Sur l'autre rive, les temples funéraires connaîtront un développement considérable. Désormais, la formule des grandes pyramides a vécu, et c'est dans le cadre de sanctuaires royaux – revêtant une existence indépendante de la tombe – que se développe l'architecture pharaonique. En réalité, si la distinction souvent opérée entre temples divins d'une part, et temples funéraires de l'autre, est légitime, elle se révèle à l'examen moins importante qu'il n'y paraît : en effet, tout sanctuaire représente le monde, la création. Son organisation reflète celle de l'univers : sa forme est l'affirmation de l'ordre émergeant du chaos originel. La demeure du dieu est à l'image du cosmos dans lequel se déroule la geste divine, la « mythologie », dont le temple commémore certains événements marquants, qu'ils soient proprement divins ou qu'ils se rapportent au souverain dieu, ce pharaon auquel est souvent destiné le sanctuaire.

Le portique ouest bordant la cour d'Aménophis III dans le temple d'Amon-Râ à Louxor.
Construite vers 1400 avant J.-C., cette colonnade aux fûts fasciculés papyriformes possède une légèreté unique dans l'architecture pharaonique. Au milieu de cette cour furent exhumées plusieurs statues intactes datant du Nouvel Empire qui y avaient été ensevelies pour être soustraites à des occupants.

Les deux piliers de granit dressés par Thoutmosis III au centre du temple d'Amon, à Karnak.
Ils symbolisent la Haute et la Basse-Égypte, le papyrus et le lotus, et sont disposés au revers du sixième pylône, devant le reposoir de la barque sacrée.

La charge spirituelle dont le temple est doté doit lui conférer son efficacité sur le plan des rites et des cultes qui s'y déroulent. Car le temple est construit dans un dessein bien particulier : il doit permettre de capter les « énergies » supérieures pour les rendre favorables, en maintenant, par une « magie » subtile, les cycles immuables de l'organisation du monde. Il est bénéfique tant à la population tout entière, sur laquelle rejaillit l'influence divine, qu'au pharaon, qui trouve dans son temple-palais la force de régner, puis d'exister dans l'autre monde à l'instar des divinités. On verra d'ailleurs le privilège de l'immortalité, déjà partagé avec l'entourage du prince dès la IVe dynastie – se « démocratiser » de plus en plus durant le Nouvel Empire.

LE LEGS ARCHITECTURAL DU PASSÉ

Après l'anarchie qui conduisit à la fin de l'Ancien Empire et le chaos que provoqua l'occupation des Hyksos à la fin du Moyen Empire, quel était le bagage sur lequel allait s'élaborer l'architecture au seuil du Nouvel Empire ? Question importante dans un milieu aussi traditionaliste et respectueux du passé qu'était le monde pharaonique : quelles que soient les innovations et les trouvailles jalonnant la production des bâtisseurs égyptiens, leur œuvre se constitue toujours sur la base du legs issu des exemples anciens. Le cadre dans lequel s'exerce ce pouvoir magique sur les réalités spirituelles, c'est l'architecture qui le fournit. Du lointain passé elle hérite au Nouvel Empire de toute une série de formes qu'elle développe dans des directions neuves. Cette genèse des styles ramène toujours à l'Ancien Empire, qui constitue le système de référence obligé.

Au milieu du IIe millénaire, les bâtisseurs possèdent donc une ample panoplie de moyens d'expression. Dès la IIIe dynastie, ils disposent des colonnes à cannelures et des chapiteaux en tailloir ou à thèmes végétaux. De la IVe dynastie, ils reçoivent les puissants piliers carrés de granit. De la Ve dynastie, ils héritent les fûts cylindriques des colonnes du temple de Sahouré, les chapiteaux palmiformes du temple de la pyramide d'Ouserkaf, et les chapiteaux papyriformes sur colonnes fasciculées (imitant un faisceau de tiges) du temple haut de Niouserré. Le Moyen Empire leur lègue ses superbes colonnes polygonales à seize, douze ou huit facettes. La grande architecture de pierre dispose ainsi d'un vocabulaire varié et original dont elle tirera un répertoire de formes, d'espaces et de dispositions d'une infinie variété : car, parmi les centaines de temples bâtis en Égypte, il n'en est pas deux qui soient identiques, pas plus que n'existeront deux églises romanes ou gothiques semblables.

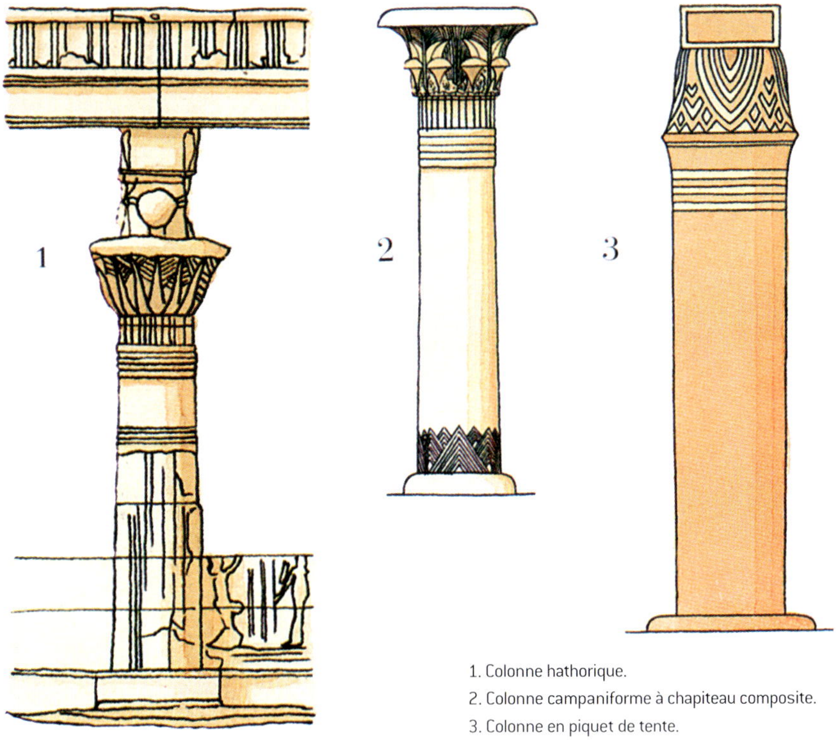

1. Colonne hathorique.
2. Colonne campaniforme à chapiteau composite.
3. Colonne en piquet de tente.

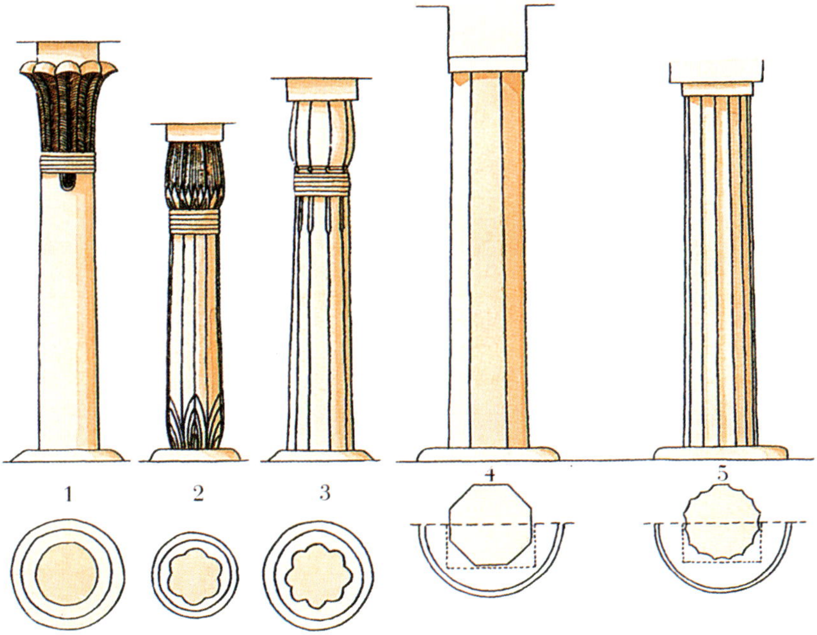

1. Colonne palmiforme.
2. Colonne papyriforme.
3. Colonne lotiforme.

4. Colonne polygonale à huit faces.
5. Colonne protodorique, ou polygonale à seize faces.

Les colonnes « protodoriques » de la chapelle d'Anubis, au nord du temple d'Hatchepsout.

Dans leur simplicité, ces colonnes à seize pans et à simple abaque en guise de chapiteau forment une salle hypostyle à douze fûts. À l'intérieur, les scènes ont conservé leur polychromie et les dalles de couverture sont constellées d'astres sur fond bleu. La porte, à droite, conduit à une petite chapelle consacrée à Anubis, divinité des rites funéraires, souvent associée au culte d'Osiris, maître de la résurrection.

LE « CHÂTEAU AUX MILLIONS D'ANNÉES » D'HATCHEPSOUT

On constate une continuité entre les œuvres du Moyen Empire et les premières productions du Nouvel Empire. Ainsi, la Chapelle de la Barque, érigée par Aménophis Ier – dont les éléments furent trouvés démontés, comme ceux de la Chapelle Blanche de Sésostris Ier dans un pylône de Karnak –, possède une simplicité et une clarté qui évoquent l'idéal antérieur.

Pour sa part, le temple de la reine Hatchepsout, édifié sous la direction de Senenmout et situé près de celui de Mentouhotep, s'inspire de ce monument. En ce sens, la tradition du Moyen Empire est profondément assumée par la principale construction des débuts du Nouvel Empire. Il n'existe pas de hiatus avec le passé. Et le chef-d'œuvre de la reine ne constitue qu'un accomplissement par rapport à son modèle. Dans l'un et l'autre cas, ce qui frappe le plus, ce sont les proportions humaines et la sobriété du bâti.

Ce courant de l'art égyptien récuse le gigantisme de l'Ancien Empire, comme il diffère des colossales réalisations des Ramessides qui s'élèveront aux siècles suivants.

Le temple d'Hatchepsout à Deir el Bahari, érigé vers 1490 avant notre ère – soit près de cinq cent cinquante ans après celui de Mentouhotep –, reprend les options de son lointain prédécesseur : le parti des rampes en plans inclinés, reliant des terrasses supportées en façade par des portiques à deux rangées de piliers, de même que la formule du sanctuaire s'enfonçant dans la montagne (hémispéos). Tous deux se caractérisent par l'audace de la confrontation entre l'œuvre architecturale – avec ses terrasses superposées – et la puissance de la falaise thébaine, haute de 160 mètres. Celle-ci présente des failles verticales à pic, se dressant comme de grandes orgues, auxquelles répondent les larges assises horizontales des constructions.

Au-dessus de ce décor naturel grandiose, la Cime de l'Occident culmine à 1 600 mètres, à l'instar, d'une pyramide dont la masse symbolique a attiré les souverains. Par la suite, les hypogées seront creusés encore plus près de ce sommet emblématique, et s'enfonceront sous la montagne, au fond de la vallée des Rois.

JARDINS ET TERRASSES

À partir de la limite des terres cultivables, le temple de la reine forme un résumé (microcosme) de la nature, allant du marais originel à la roche immuable du désert, du végétal périssable au minéral éternel. Sur un kilomètre de longueur se développent d'abord des jardins formant la liaison entre le paysage et l'architecture : l'un comporte un bassin de papyrus qui évoque la vallée primitive, l'autre, fait d'arbres à encens, suggère un pays mythique et sacré. Enfin, une allée rectiligne de sphinx conduit à une porte aujourd'hui disparue s'ouvrant dans une enceinte de brique crue.

De là, les terrasses s'étagent sur 240 mètres de long, jusqu'au pied de la falaise. De part et d'autre de la rampe axiale, en deux volées, se déploient sur une centaine de mètres de large les trois plates-formes que bordent des portiques symétriques. Elle comptent chacune deux rangées de onze piliers sur chaque côté, soit cent trente deux supports.

Le niveau médian s'élargit à gauche par la chapelle d'Hathor, à colonnes hathoriques, et à droite par celle d'Anubis, à colonnes protodoriques. Derrière le plus haut niveau, bordé de colosses « osiriaques » figurant la reine, une salle hypostyle que flanque un temple solaire à ciel ouvert précède le sanctuaire proprement dit qui s'enfonce dans la montagne en hémispéos.

Toutes les parois et les portiques sont ornés de magnifiques bas-relief, souvent en champlevé, relatant les hauts faits du règne (expédition au pays du Pount). La chapelle d'Hathor conserve sa polychromie ; sa voûte bleue est couverte d'étoiles. Elle contenait la statue de la vache Hathor.

L'Égypte fournit peu d'exemples de monument aussi sobre, aussi harmonieux et aussi pur que ce temple d'Hatchepsout. Cela n'empêcha pas la haine de Thoutmosis III de se déchaîner : bas-reliefs martelés, cartouches de la reine usurpés, bref, le personnage de la « pharaonne » et de son « vizir » furent condamnés à l'oubli.

À basse époque, toutefois Senenmout fut associé, sur le site même de Deir el Bahari, au culte voué à Imhotep et à Amenhotep, fils de Hapou, ces trois architectes passant alors pour des dieux guérisseurs.

Le temple de la reine devait pourtant faire école : pendant l'année 1962, des archéologues polonais ont découvert, entre les temples de Mentouhotep et d'Hatchepsout, sur une terrasse naturelle les dominant l'un et l'autre, le temple que Thoutmosis III se fit construire. Il comporte essentiellement une salle hypostyle à laquelle on accédait par une longue rampe axiale et dont les chapelles étaient creusées dans la falaise. Il a livré des reliefs peints et des statues d'un grand intérêt.

La salle des fêtes construite par Thoutmosis III à Karnak.
Au-delà du sanctuaire du Moyen Empire – aujourd'hui disparu – qui formait l'ancien grand temple d'Amon, cet espace basilical à cinq nefs, disposé transversalement à l'axe de progression, est une salle hypostyle édifiée vers 1480 avant J.-C. Elle mesure 44 mètres de long et compte vingt colonnes délimitant la travée médiane, surélevée, et trente-deux piliers sur le pourtour. C'est là qu'avaient lieu les cérémonies du Jubilé du roi, renouvelant les fêtes du couronnement.

LES TEMPLES D'AMON À KARNAK ET LOUXOR

La XVIIIe dynastie entreprend d'énormes travaux dans les temples divins voués au grand dieu Amon-Râ, tant à Karnak qu'à Louxor. Le vaste sanctuaire d'Amon, à Karnak, dont la genèse est si complexe et les amoncellements de ruines si étroitement enchevêtrés qu'il fut presque impossible d'en reconstituer l'histoire, a connu une série de campagnes de construction s'étendant sur plus de quinze siècles.

Thoutmosis Ier avait édifié, autour d'une cour remontant au Moyen Empire, une vaste enceinte et deux pylônes. Ces énormes masses trapézoïdales encadrant une porte sont une innovation du Nouvel Empire, même si les temples de la XIIe dynastie (Qâoun el Kebir, près d'Assiout, comme la façade de Kasr el Sâgha, au Fayoum) en annoncent la solution. Leur forme symbolise la montagne derrière laquelle surgit le soleil. Avec la gorge égyptienne les surmontant, et les tores d'angles rappelant l'architecture de pisé renforcée par des bourrelets de paille, ils ont des murs inclinés comme les constructions primitives (mastabas).

Hatchepsout ajoute, de part et d'autre du temple existant vers 1500 avant J.-C., deux paires d'obélisques, les plus grands culminant à 30 mètres. Ces monolithes de 700 tonnes qu'elle fit venir d'Assouan nécessitèrent la construction d'un navire de charge gigantesque. La pose de ces aiguilles de pierre représente un tour de force qu'elle célèbre dans les reliefs d'une chapelle de granit rouge, trouvée démontée – elle aussi – dans un pylône de Karnak.

Sur ce bas-relief polychrome du temple funéraire de Thoutmosis III, on reconnaît le dieu Amon.
Découvert en 1962 dans les vestiges du temple que le souverain dédia à son culte et au grand dieu thébain à Deir el Bahari, ce beau détail montre la divinité Amon-Min portant la coiffure à doubles plumes, la barbe postiche et le large collier polychrome (Louxor, musée d'Art égyptien ancien).

À l'entrée du grand temple de Karnak, l'allée des sphinx à tête de bélier symbolisant Amon.

C'est à partir de la XVIIIe dynastie que la divinité locale de Thèbes s'impose réellement. Ici, elle prend pour effigie un corps de lion et une tête de bélier. Ces sphinx criocéphales bordaient une allée reliant le temple à un débarcadère sur le Nil.

C'est Thoutmosis III qui apporte l'essentiel des adjonctions du temple d'Amon-Râ pour la XVIIIe dynastie. Il construit en grès une salle hypostyle transversale, nommée Salle des Fêtes. C'est un édifice à cinq nefs supportées par de curieuses colonnes, dites en « piquets de tentes », qui sont plus étroites à la base qu'en haut (est-ce l'influence des palais de Cnossos datant de la même époque ?).

Aménophis III (vers 1400 avant J.-C.) – qui est tout à la fois fin politique et bâtisseur infatigable – fit précéder l'ensemble par un grand pylône, large de 110 mètres (le deuxième actuellement visible) auquel viendra s'adosser, par la suite, la vaste salle hypostyle de Séthi Ier et de Ramsès II. Il ajouta en outre deux obélisques à son revers. Le même souverain érige en majeure partie le temple de Louxor : outre son sanctuaire aux multiples chapelles et sa salle hypostyle, on citera sa cour bordée de portiques à colonnes fasciculées et sa grande colonnade d'entrée aux immenses fûts lisses à chapiteaux campaniformes, hauts de 16 mètres.

Aménophis III – dont l'architecte, qui sera divinisé, se nomme Aménophis fils de Hapou – se fait toujours bâtir, sur la rive occidentale de Thèbes, un temple colossal, l'Amenophium. Construit dans la vallée fertile, il devait s'étendre sur 600 mètres de long et avait été édifié en brique crue, avec parements de stuc et de calcaire. Il n'en reste plus trace aujourd'hui. Seuls les formidables « colosses de Memnon », qui en formaient l'entrée majestueuse et représentaient le souverain trônant, sont toujours debout. Leurs monolithes de quartzite (celui de droite a été restauré dans l'Antiquité), hauts d'une vingtaine de mètres, totalisent plusieurs centaines de tonnes.

Le recours à la brique crue pour ce temple funéraire – comme d'ailleurs pour le temple qu'Aménophis, fils de Hapou, eut le droit d'ériger non loin de là – peut surprendre. Ce choix découlait peut-être du fait que les bâtiments se dressaient sur l'humus fertile et non sur la roche dure. Il contredit en tout cas les principes de la « pétrification » des formes visant à conférer les « millions d'années » au sanctuaire royal. Mais leur aspect le plus surprenant réside dans le recours à des voûtes de brique pour la couverture des salles. Ce sont probablement ces techniques inusitées, et en particulier la mise en œuvre de la voûte véritable, qui valurent à Aménophis, fils de Hapou, d'être considéré comme un dieu.

Ainsi, à Thèbes, la XVIIIe dynastie réalise un ensemble considérable de monuments d'une importance majeure, qui forment comme un lever de rideau somptueux sur la première phase du Nouvel Empire.

Les fameux « colosses de Memnon » qui représentent en réalité Aménophis III trônant.
Derrière ces gigantesques sculptures, se dressait l'immense temple funéraire d'Aménophis III, construit par l'architecte Aménophis, fils de Hapou.
Des deux statues, celle du premier plan a conservé son caractère monolithique et repose sur un socle profondément ancré dans le limon. La seconde, restaurée dès l'Antiquité en gros appareil, est beaucoup plus ruinée. De part et d'autre des jambes du roi se dressent les images de deux reines : l'une, nommée Moutemonia, la mère du souverain, et l'autre, Tiyi, son épouse.

LA TOMBE : EXALTATION DE LA VIE

V

De l'architecture des vivants – villes et villages de l'ancienne Égypte –, il ne subsiste pour ainsi dire rien, si ce n'est quelques vestiges peu spectaculaires. Ni l'habitat du peuple (paysans et artisans) ni la demeure des nobles, en général construite en brique crue et en clayonnage, avec toits en terrasses soutenus par des troncs de palmiers et appentis couverts de chaume, n'ont survécu aux aléas du temps, aux inondations, à l'incendie. Seules de rares cités édifiées en bordure du désert, puis abandonnées (Deir el Médineh ou Tell el Amarna), ont livré leurs secrets.

Chez les Égyptiens, nous connaissons mieux l'art de bâtir lorsqu'il a trait au temple – demeure des dieux – ou à la tombe – ultime repos des défunts. De même que l'on veut honorer les divinités en leur donnant un abri indestructible, en dotant des vertus de l'éternité la maison des dieux lumineux, grâce à des sanctuaires de pierre, de même on désire conférer au monde des morts un cadre immuable par-delà le trépas.

Dès les origines, le plus important personnage du royaume, le pharaon-dieu, rejoint dans l'outre-tombe le monde souterrain du périple solaire dans sa course nocturne. À l'intérieur de sa sépulture grandiose, il retrouve à jamais une existence. Il revient à la vie – une vie éternelle – grâce au processus de divinisation. Et dans le cadre idéal de la tombe qui reproduit les appartements d'un vivant, au sein de laquelle se perpétue le culte funéraire, le souverain, unificateur des Deux-Terres, se confond avec le Soleil : « il va s'asseoir à la droite de Râ, parmi les étoiles impérissables » *(Texte des Pyramides)*.

Toute une théologie complexe s'est efforcée de concilier les diverses traditions de l'Ancienne Égypte relatives au sort des défunts dans leur existence d'outre-tombe. La conception qui s'exprime à travers les sépultures est loin d'être unitaire. On petit affirmer, cependant, que la croyance dans la survie présuppose pour l'Égyptien la conservation d'un corps. D'où le processus de momification par les techniques de l'embaumement qui s'accompagne de tout un rituel funèbre, complétant le culte des défunts. Car, cette conservation va nécessiter, d'une part, l'édification d'un tombeau où pourra subsister intact le corps embaumé, et, d'autre part, des chapelles où se dérouleront les cérémonies destinées à renouveler la vitalité du défunt dans l'au-delà.

Portrait peint provenant de la tombe de Maya, à Deir el Médineh (détail). Ces peintures à la détrempe datent de la XVIIIe dynastie. L'exquise fraîcheur de ce profil de jeune femme n'évoque en rien la mort : en Égypte, les tombes du peuple exaltent les joies d'ici-bas (Turin, Museo Egizio).

Dans une chapelle à toit pyramidal, le dieu Anubis procède à l'embaumement d'un défunt.

Au-dessus du mort, l'image de l'âme-oiseau à tête humaine se sépare du corps. Devant ce mausolée, la peinture thébaine, reproduite par Rosellini, fait figurer les parents en costume solennel, apportant des offrandes au pied d'un figuier chargé de fruits. Dans l'arbreapparaît une divinité rustique qui pourvoit à la nourriture du mort.

LA MOMIFICATION

Dans le monde des croyances que dispense la religion égyptienne, le souci de soustraire le corps à l'universelle déchéance afin d'en assurer la survie affecte tout être humain. À l'origine, on se borna à une simple préparation fondée sur l'éviscération et le dessèchement du cadavre dans le sable sec des déserts avant l'inhumation. Ensuite vinrent, réservées tout d'abord au souverain, puis à ses proches, les techniques plus élaborées de la momification. Celle-ci consiste à vider le crâne de son cerveau par les narines à l'aide de crochets, à retirer d'un corps tous les viscères – cœur, poumons, foie, intestins, etc. – qui, après traitement, seront pieusement conservés dans les vases canopes. Puis le corps et la cavité ventrale sont lavés au moyen de vin de palme. On dépose alors le corps dans du natron (sel) pendant soixante-dix jours pour permettre la dessiccation totale des chairs. Ce séjour s'est accompagné, dans certains cas, d'une décoloration des cheveux sur laquelle s'est greffée l'idée de populations à la chevelure blonde ou rousse...

On enveloppait alors le corps dans des bandes de toile fine comme de la gaze. Autour de chaque membre, de chaque doigt, s'enroulent des dizaines de mètres de bandelettes, jusqu'à ce que la momie dotée de talismans et d'amulettes, disposés à des endroits précis lors de chacun des stades de l'opération, offre l'aspect d'une sorte de nourrisson emmailloté.

Des parfums et des huiles cosmétiques complètent ces traitements pendant lesquels un prêtre récite sans cesse des prières et formules incantatoires, assimilant le défunt à un Osiris qui, comme le grand dieu des morts dans ses bandelettes, revient à la vie.

Le jour des funérailles, un prêtre procède au rituel de « l'ouverture de la bouche » qui consiste à « rendre la vie » – souffle et parole – au mort. Au moyen de fumigations, d'onctions et de récitation de textes magiques, formant le cérémonial funéraire accompli devant l'image du défunt, le mort va ressusciter dans l'au-delà et sera capable de sortir de sa sépulture terrestre.

Reproduite par Ippolito Rosellini vers 1820, cette scène montre Anubis à tête de chacal s'occupant d'une momie.

Le défunt est disposé dans un sarcophage reposant sur un lit d'apparat à tête de lion. Sous la couche funèbre, les quatre vases canopes. Ils ont des couvercles à l'image des quatre fils d'Horus, à tête de faucon, de chien, de babouin et d'homme. De part et d'autre de l'image, les déesses protectrices que sont Isis et Nephtis président à l'opération de momification.

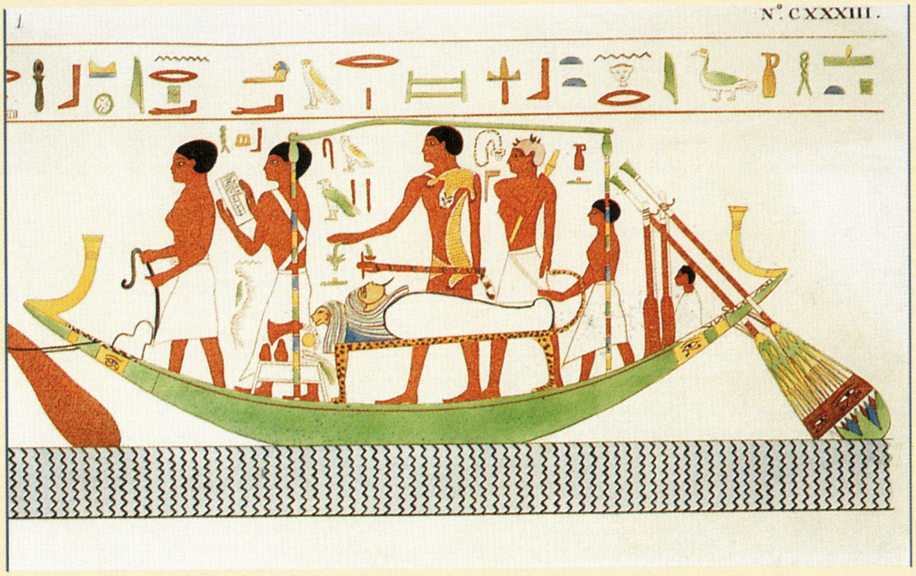

Le dernier voyage du mort se fait en barque.

Pour traverser le Nil, ou plus symboliquement le fleuve de l'au-delà, le défun, dans son sarcophage protégé sous un léger baldaquin, navigue sur un bateau. Un prêtre l'assiste et un chantre prononce les litanies d'usage. Porté sur un palenquin que surmonte Anubis, un coffre contient les vases canopes devant lesquels s'avancent les pleureuses. En signe de deuil, elles poussent des cris de lamentations et répandent de la poussière sur leur tête. En bas, le lourd cercueil, dans ses chapelles en bois doré, est disposé sur une barque, elle-même posée sur un traîneau auquel sont attelés quatre bœufs. Un prêtre encense le catafalque. Ces copies ont été faites par Rosellini vers 1820.

Table d'offrande chargée de nourriture destinée à la vie dans l'au-delà.
Sur un support d'argent en forme de pilier cintré, un plateau avec cuissot, tête de veau et oie. Des corbeilles multicolores sont remplies de fruits. Au sol, sur un trépied, le récipient destiné aux breuvages. Rosellini a isolé ce motif de l'offrande aux morts.

LES ÉCRITS DU RITUEL MAGIQUE

Durant l'Ancien Empire, les cérémonies funèbres menées par les prêtres s'accompagnaient de litanies tirées des *Textes des Pyramides*, ces vastes sommes d'écrits magico-religieux remontant à l'époque protohistorique, consignées sur les murs de la chambre du sarcophage dans les pyramides des Ve et VIe dynasties.

Après la grande révolution, le Moyen Empire fit appel à des extraits de ces mêmes écrits archaïques. Ces morceaux choisis forment les *Textes des Sarcophages*. Désormais les formules qui permettent d'acquérir la vie éternelle, à l'instar des dieux, sont aux mains d'une élite plus large.

Durant le Nouvel Empire, des compilations popularisent encore cette littérature : ce sont les *Livres des Morts* dont les rouleaux accompagnent dans l'autre monde tous les défunts d'une certaine importance. Ces textes magico,religieux lointains, avatars de la tradition consignée mille ans plus tôt, contiennent les préceptes permettant au mort de « sortir au jour » et d'accéder à la vie éternelle. Ils président aussi au rituel d'embaumement.

Les *Livres des Morts* connaissent différentes versions : le *Livre des Portes* fournit les renseignements nécessaires pour éviter les pièges qui attendent le défunt dans l'au-delà. Muni de ces préceptes, il parviendra à franchir les douze portes placées sur son chemin après la mort. Le *Livre de ce qu'il y a dans l'Hadès* décrit aussi cet univers souterrain par lequel doit passer celui qui veut revivre. Enfin, les *Écrits de la Salle Cachée* forment le viatique permettant d'accéder à la connaissance qui conduit à l'au-delà.

Dans ces livres, on suit les phases de la psychostasie, où le cœur du défunt que présente Anubis doit être aussi léger qu'une plume d'autruche sur la balance du souverain juge, Osiris. Mais il existe aussi un aspect astronomico-astrologique et cosmologique dans ces écrits qui, outre les rites fournissent, une géographie de l'outre-monde et de ses monstres.

Scène de psychostasie dessinée sur un papyrus du *Livre des Morts*.

Anubis, divinité à tête de chacal, procède à la pesée du cœur d'un défunt. Pour les Égyptiens, cet organe est le siège de l'âme, et le poids des fautes qu'il recèle ne saurait excéder, sur la balance du jugement, celui de l'effigie de Maat, déesse de la justice, dont le symbole est une plume (Turin, Museo Egizio).

Double page suivante :

Durant le Nouvel Empire se répandent les versions du *Livre des Morts* qui accompagnent le défunt dans la tombe.

Dans cette belle scène sur papyrus, on reconnaît la pesée de l'âme en présence d'Osiris, selon le chapitre 125 du livre sacré : « le dieu des morts et de la résurrection est assis dans son naos, au fond d'un sanctuaire à colonnes, surmontées de la gorge égyptienne ». Assistent à la cérémonie : Maat, coiffée de sa plume emblématique, le dieu Thot à tête d'ibis, greffier de la psychostasie, ainsi que Seth, l'hippopotame des marais. Le divin juge doit ouvrir au défunt les portes d'un au-delà bienheureux (Turin, Museo Egizio).

STRUCTURE
DE LA TOMBE

La tombe elle-même comporte deux parties : le caveau, situé en général au fond d'un puits, qui contient le sarcophage, et la chapelle funéraire, avec sa fausse porte, son décor, ses textes inscrits et les appartements où était disposé le viatique du mort avec son mobilier, ses offrandes, etc. Si le caveau est muré – souvent même caché grâce à toute une série de ruses, de puits, de trappes, d'embûches et de fausses galeries –, les appartements du mort et la chapelle destinée à l'exercice de son culte restaient accessibles aux parents et amis, aux prêtres surtout, chargés de pratiquer les rites.

Cette formule est valable pour les tombes des nobles, alors que pour les souverains, durant le Nouvel Empire, la séparation géographique entre la sépulture proprement dite – située au fond d'un hypogée soigneusement camouflé dans la Vallée des Rois – et le temple royal, ou temple funéraire, en bordure de la Vallée, avait modifié la situation. Elle permettait au sanctuaire d'atteindre des dimensions considérables, sans attirer l'attention sur la sépulture elle-même.

Quoi qu'il en soit, le temple ou la chapelle funéraire sont très tôt pourvus d'un décor abondant, généralement en bas-relief, qui a valeur de réalité pour le défunt : les offrandes figurant sur les parois sont bien réelles, de même que les prières et les vœux énoncés par les hiéroglyphes ont pouvoir d'invocations magiques. Les représentations du mort – statues ou peintures – et les figurations de ses proches, des prêtres et de sa domesticité l'accompagnent dans sa vie d'outre-tombe. Les modèles en bois et les chaouabtis – de terre cuite, de fritte ou de cuivre – sont présents à ses côtés. Ils l'assistent et le servent dans le monde magique de l'au-delà.

À Deir el Médineh, de petites pyramides signalent les tombes.
Perpétuant la forme millénaire de la pyramide – ici traitée en « miniature » et bâtie en brique crue et pisé –, les sépultures à chapelle extérieure surmontent le caveau funéraire. Ces structures constituent en Haute-Égypte l'équivalent du mastaba de l'Ancien Empire aux environs de Memphis.
Un puits conduit de la chapelle à une crypte souvent décorée de peintures à scènes d'offrandes.

Portrait peint provenant de la tombe de Maya, à Deir el Médineh.

Ces peintures à la détrempe, datant de la XVIIIe dynastie, ont été déposées en 1905 par Schiaparelli pour le musée de Turin. Les deux personnages, assis sur des sièges élégants, sont les parents du défunt nommé Maya, qui occupait le poste de dessinateur d'Amon (Turin, Museo Egizio).

Les célèbres musiciennes de la tombe de Nakht, scribe du temple d'Amon.
Ce tombeau de Gourna, en face de Karnak, date de 1425 environ avant notre ère. Sur les parois de la sépulture, des jeunes filles, avec luth et harpe, animent les fêtes domestiques données pour la joie du défunt.

Ainsi l'environnement figuré du mort, dans sa tombe, correspond sur le plan spirituel à l'efficacité du décor et des cultes entourant les dieux dans les temples. De même que le défunt poursuit une existence « humaine » lorsqu'il franchit la fausse porte de sa tombe, de même les divinités, dans leurs sanctuaires, sont traitées à la façon des hommes : au matin, les prêtres les réveillent, les lavent, les habillent, les nourrissent. Puis l'idole est l'objet de la vénération du corps sacerdotal par des fumigations, des prières et des chants. Ils la promènent en procession, avant de la replacer dans son « tabernacle », ou naos, pour la nuit. Or, les morts sont, eux aussi, l'objet d'un culte. C'est pourquoi des fondations sont créées par les grands de ce monde pour perpétuer leur propre mémoire ou celle de leurs ancêtres, et pour que soient accomplies les prières indispensables à leur survie. Cette piété explique les dotations dont bénéficient temples et chapelles funéraires.

Jeux de couleur et de formes au plafond de la tombe de Maya.
Provenant de Deir el Médineh, ce caveau, reconstitué depuis 1905 au musée égyptien de Turin, est un témoin de l'art populaire dans l'Égypte de la XVIIIe dynastie. Le décor atteint ici une jubilation et une spontanéité qui font le charme de ces motifs « abstraits ». Les spirales évoquent les œuvres crétoises du monde minoen. Les zigzags font songer aux techniques du tissage. Rythmes et combinaisons maîtrisées, teintes chatoyantes et retenues font de ces peintures une manifestation très gaie de l'art funéraire (Turin, Museo Egizio).

L'ARCHITECTURE
DES TOMBES

Très tôt, la tombe égyptienne – en raison de son double aspect : caveau et chapelle – comporte aussi bien des aménagements souterrains que des éléments bâtis. Les premiers sont en général creusés dans le sol rocheux ou dans une falaise, alors que les seconds se présentent comme des constructions plus ou moins importantes, réalisées en appareil de pierre-mastabas ou salle hypostyle, précédant un temple funéraire distinct de l'hypogée caché dans la montagne.

On a donc d'une part, une architecture « en négatif », creusée, obtenue par soustraction de matériau, formée de puits et de galeries souterraines, et d'autre part une architecture construite, à proprement parler, avec des bâtiments qui peuvent atteindre des dimensions considérables.

Durant l'Ancien Empire, les mastabas édifiés sur le plateau désertique entourant les pyramides à Guizeh, Saqqarah, Dashour ou Meidoum formaient des nécropoles, souvent disposées comme l'étaient les agglomérations des vivants dans la vallée du Nil, avec leurs rues et ruelles, leurs appartements et leurs

Les yeux fixés vers le ciel, le défunt, dans son cercueil de cartonnage, attend de ressusciter dans l'au-delà. Pour les simples mortels qui ne disposent pas de sarcophages d'or ou d'argent, ni de granit, le cercueil anthropomorphe, fait à l'aide de vieux papyrus encollés et peints, donne une expression vivante au défunt. Cet exemplaire, datant de la XVIIIe ou de la XIXe dynastie, est orné de peintures qui figurent les ailes protectrices de Nout, la déesse du ciel.

Le village de Deir el Médineh, dans un vallon désertique, en bordure de la vallée cultivée.

C'est là que vécurent les ouvriers de la nécropole thébaine. Les archéologues ont patiemment fouillé ce site qui a livré le tracé des rues et le plan des maisons de l'agglomération où artistes et artisans de la Vallée des Rois et de la Vallée des Reines ont passé leur existence.

Les bases des habitations faites de cailloutis et de pierre sèche ont révélé non seulement un urbanisme s'organisant autour d'une rue principale, mais un nombre considérable de documents sur la vie d'un chantier au temps des pharaons. Alentour, les travailleurs ont érigé leurs propres tombes, souvent décorées avec goût et non sans une émouvante naïveté.

circulations internes. Très tôt, pourtant, d'autres tombes apparaissent en Haute-Égypte : les hypogées, qui sont formés d'une galerie s'enfonçant dans la falaise jusqu'au tombeau proprement dit, et qui peuvent comporter diverses chambres taillées dans la roche.

À Thèbes, sur la rive occidentale, ces syringes, comme les nommeront les Grecs, sont forées au pied de la Cime de l'Occident par des équipes de travailleurs spécialisés qui œuvrent pour les tombeaux des rois et des reines. Ces artisans qui vivent dans le village de Deir el Médineh, près de Gourna, en face de Karnak, nous sont assez bien connus, car les archéologues ont retrouvé l'agglomération. Ils l'ont fouillée, y découvrant des tessons de poterie couverts de dessins ou d'inscriptions *(ostracas)*.

Grâce à ces vestiges, on apprend que ce corps d'ingénieurs et d'artistes – sculpteurs, peintres, scribes, etc. – était parfois turbulent : n'ont-ils pas organisé les premières grèves dont nous parle l'histoire, parce que leur salaire en nature (fruits, légumes, vin, eau potable, vêtements et outils) tardait à être livré par les fonctionnaires du palais ? Ils n'ont pas hésité à s'adresser directement au pharaon, à menacer de ne pas reprendre le travail dans les tombes royales, et... ont obtenu gain de cause. Car ils sont irremplaçables.

Ces hommes s'enfoncent dans la montagne comme des mineurs, taillant le calcaire et les bancs de silex jusqu'à 150 mètres de profondeur. Ils réalisent « en creux » toute une architecture de galeries, de salles, de magasins, de chapelles, avec leurs boyaux entrecoupés de puits, de faux accès, d'escaliers, de salles hypostyles et de corridors. Dessinateurs et peintres ornent, sous la conduite des prêtres, les parois des hypogées. Ils y reproduisent les figurations du *Livre des Morts* et les scènes du rituel funéraire en d'immenses fresques déroulées comme des papyrus sur les parois des tombes.

Ces artistes intrépides, tenaces et talentueux, se révèlent des maîtres d'une habileté inouïe, des génies de la couleur et du trait, surtout si l'on sait dans quelles conditions ils exercèrent leur art. En effet, la Vallée des Rois comme la Vallée des Reines sont situées dans un univers minéral et torride, où il n'existe pas la moindre trace d'humidité. Les ouvriers qui s'activent loin de l'entrée de la tombe manquent d'oxygène et n'ont d'autre lumière que celle de lampes à huile au médiocre pouvoir éclairant (la fable que racontent les guides faisant état des miroirs utilisés par les Anciens n'est guère crédible). Cela ne les empêche pas d'extraire des milliers de tonnes de matériaux, de creuser des espaces complexes, réalisés avec précision, de couvrir des centaines, des milliers de mètres carrés de scènes figurant « ce qui est dans l'Hadès » : un monde irréel de dieux, de monstres de serpents, et de crocodiles, de cieux étoilés et d'océans terrifiants.

La tombe d'Horemheb, dans la Vallée des Rois, offre d'admirables scènes où le pharaon voisine avec les déesses.

Au lendemain de la crise religieuse que provoque la réforme d'Akhenaton, souverain mystique auquel font suite les trop brefs règnes de Toutankhamon et du vieux vizir Ay, un général nommé Horemheb prend le titre de pharaon (1343). Pendant les vingt-sept ans de son règne qui clôt la XVIIIe dynastie, il rend à l'Égypte son rang. Dans son hypogée, les artistes inaugurent les peintures traitées en champlevé, avec un léger relief sur le fond. Ci-dessus : le pharaon est conduit dans l'au-delà par une gracieuse divinité. En page de droite, la belle Hathor, aux cornes de vache.

L'ART DANS LES TOMBES NOBLES

Sans vouloir s'étendre sur les richesses accumulées dans ces hypogées royaux – dont celui du falot Toutankhamon porte un témoignage pourtant écrasant – et loin de cet art altier et superbe réservé aux souverains, il faut faire état des tombes des nobles, plus proches, plus attachantes, plus directes dans leurs préoccupations : elles nous dépeignent la vie quotidienne idéale que se souhaitent les défunts de condition moyenne ou aisée. En cela, elles sont un enseignement infiniment varié et vivant sur le peuple d'Égypte et sur les croyances populaires.

Dans les sépultures de Gourna, qui truffent la falaise de leurs alvéoles aux dimensions limitées ou de leurs appartements plus vastes, l'art des peintres revêt un caractère vif, animé, direct – que n'étouffe pas le formalisme ritualiste des tombes royales.

Sur les parois aux teintes éclatantes, les laboureurs et les moissonneurs, les vignerons et les chasseurs se répondent, les artisans travaillent pendant que les scribes récapitulent les richesses. Autour du défunt, les pleureuses chantent et se lamentent en cortège. Mais la tristesse et le deuil n'ont qu'un temps, et déjà musiciennes et danseuses remplissent la tombe de leurs airs de fête, alors que s'amoncellent sur les autels les offrandes du banquet funéraire.

Plus peut-être que la grandeur des temples ou la richesse des hypogées des pharaons, ces aspects de l'existence d'hommes qui vécurent il y a trente-cinq siècles nous émeuvent. Rien ne peut mieux nous parler des gens de la vallée que ces humbles et ferventes décorations de tombes civiles qui résument la pensée intime de générations d'individus à la religiosité simple et touchante.

Des couples jeunes, émouvants dans leurs atours de gala, se rejoignent pour l'éternité dans un chant de vie qui dit la foi de tout un monde dans les joies d'un au-delà de félicité et de justice, sur lequel luit le soleil d'une divinité immanente et bonne. Car la mort n'est pour les Égyptiens que l'occasion d'exalter les bienfaits et les délices de l'existence, un hymne au bonheur et au bel aujourd'hui.

Les relevés de Rosellini dans les tombes de la Vallée des Rois révèlent la fraîcheur du décor dans les années 1820.
L'une des belles scènes de la tombe de Séthi Ier : on y voit le pharaon conduit par Horus devant Osiris, le souverain des morts. Le dieu, symbolisant la résurrection, trône sur une estrade. De ces scènes éclatantes au temps où les virent les Rosellini, Belzoni ou Champollion, il ne reste, hélas, qu'une image trop souvent grise et blafarde.

Double page suivante :
Une scène de la superbe tombe de Ramsès III, relevée par Rosellini.
En présence de Nout, déesse du ciel, aux ailes protectrices, le pharaon accomplit les rites : encens et libations qu'il offre à Osiris, trônant sur le domaine des morts. La couleur verte du dieu de la résurrection signifie que, dans l'autre monde, le défunt « reverdira » comme les végétaux après l'inondation.

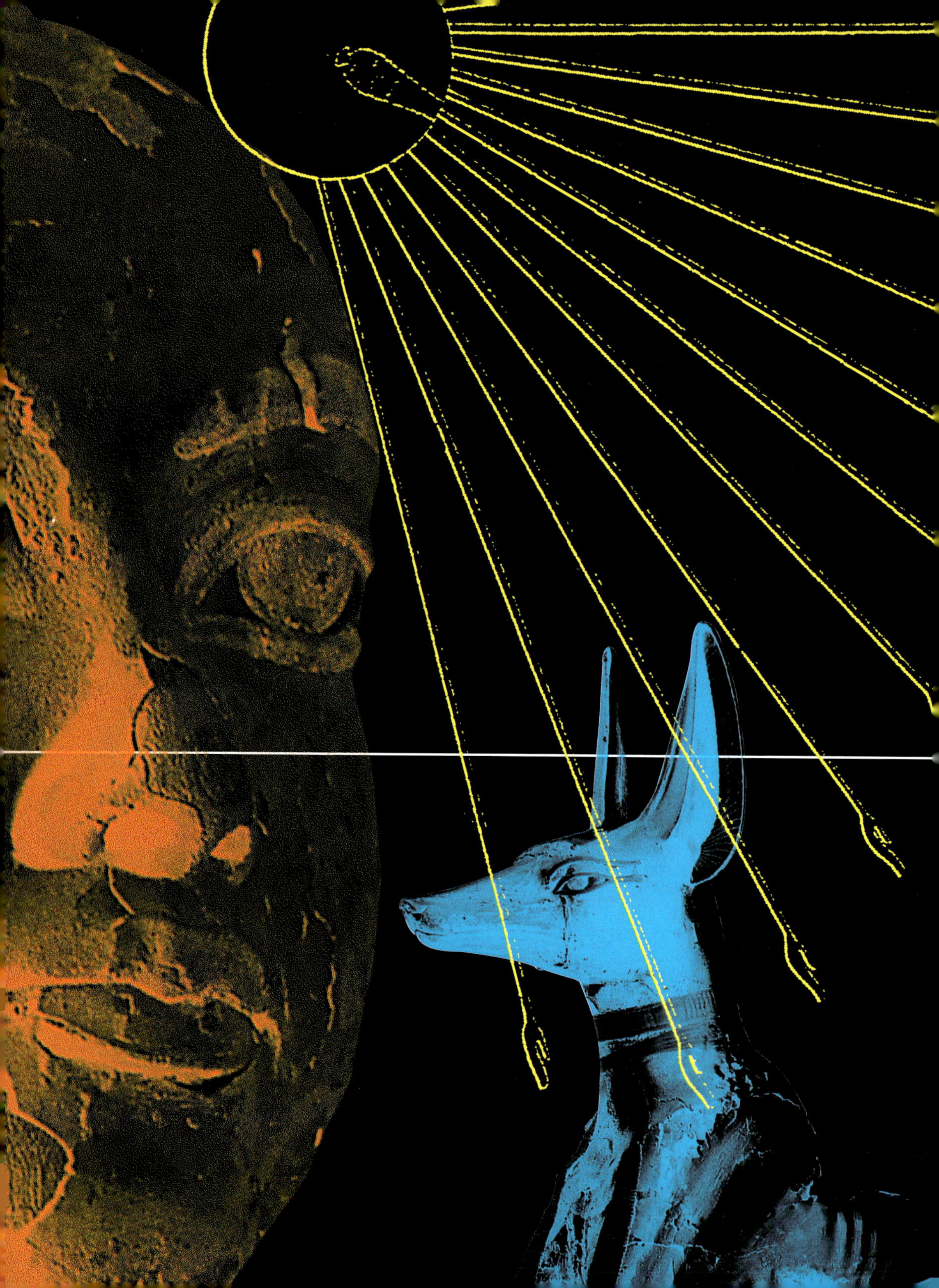

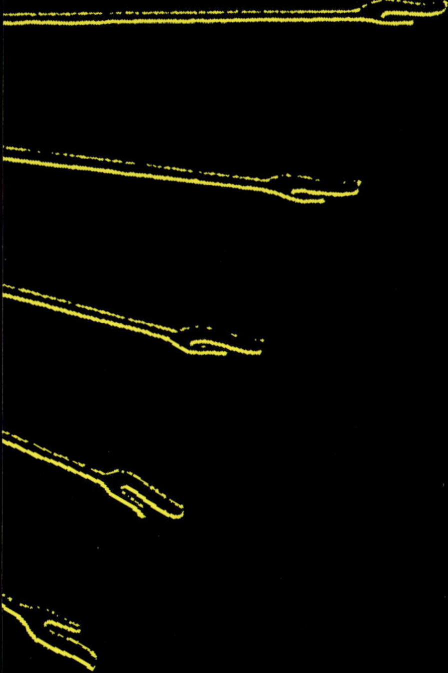

VI

LE DUEL ENTRE AMON ET ATON, ENTRE KARNAK ET TELL EL AMARNA

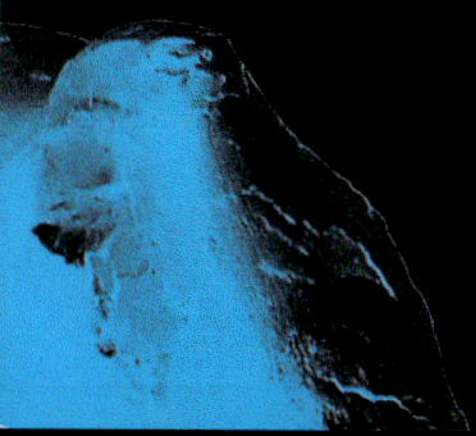

Durant l'expansion de l'Égypte, sous les règnes des pharaons conquérants de la XVIIIe dynastie, disposant d'innombrables chars de guerre qui leur permettent de s'enfoncer avec leurs troupes jusqu'au cœur du Proche-Orient, on assiste à deux mouvements parallèles : d'une part l'établissement d'un vaste empire en Asie, et de l'autre, l'irrésistible ascension du clergé du grand temple d'Amon à Karnak. Considéré comme divinité tutélaire des armées victorieuses conduites par les souverains thébains, Amon, le dieu solaire, bénéficie d'énormes donations royales. Les pharaons manifestent ainsi à la divinité suprême leur gratitude pour chaque succès remporté sur les champs de bataille. Le dieu solaire révéré en Haute-Égypte, qui est devenu l'interlocuteur privilégié du pouvoir royal, supplante désormais celui d'Héliopolis. Amon est alors « le roi des dieux ». Son émergence remonte à l'aube du IIe millénaire, lors de l'expulsion des Hyksos. Dès cette époque, Karnak entre en rivalité avec Héliopolis, où était révérée une autre forme du Soleil divinisé, connue sous les noms de Atoum, Râ ou Khépri. L'importance prise par la Thébaïde, où se trouvent la capitale royale et le palais de pharaon, accentue l'antagonisme religieux en raison, principalement, de la richesse considérable qui revient au clergé d'Amon. Par le jeu des offrandes en terres fertiles, comprenant aussi les villages de travailleurs, le domaine amonien est bientôt aussi vaste que celui du roi. Celui-ci, pourtant, conserve le droit de nommer le Premier Prophète d'Amon. Il contrôle ainsi la puissance du clergé thébain.

Le pharaon « hérétique » Aménophis IV, qui prit pour nom Akhenaton, fonda sa capitale à Tell el Amarna. La réforme religieuse qu'instaurait le souverain mystique impliquait une option monothéiste. Elle représentait aussi, sur le plan esthétique, une vision révolutionnaire de l'image humaine. Dans ce portrait d'Akhenaton, détail d'un colosse en grès de Karnak, les traits émaciés, les yeux étirés, les lèvres charnues et les joues creuses font partie d'un système qui renouvelle profondément l'art pharaonique aux environs de 1370-1360 (Louxor, musée d'Art égyptien ancien).

SYNCRÉTISME ET MONOTHÉISME

Durant la XVIIIe dynastie, la concurrence que se livrent les divers cultes solaires pour la prééminence religieuse oppose donc les doctrines thébaines et héliopolitaines. Cet antagonisme nécessite une solution. Le corps sacerdotal tend à harmoniser les traditions de la vallée du Nil. Dans un premier mouvement syncrétique, on voit Amon se conjuguer avec Râ, pour former une seule entité : Amon- Râ. Cette annexion pure et simple se révéla insuffisante pour calmer les passions.

Une refonte des cosmologies solaires sembla indispensable : il fallait que s'établisse une nouvelle hiérarchie céleste. La création de systèmes cosmogoniques impliquait une subtile généalogie des principaux dieux répartis en triades (groupes de trois) et en ennéades (groupes de neuf divinités). Les récits de la *Création* tentèrent d'apporter une solution répondant aux interrogations des fidèles. Les théologiens rivalisèrent d'imagination et conçurent des formulations neuves. À ce titre, Aton, représentant le Soleil sous son aspect de Disque rayonnant, parviendra sous Aménophis IV à transcender les diverses divinités locales en transformant pour un temps la théologie pharaonique.

C'est au sein du cercle restreint que formaient les détenteurs du pouvoir – en particulier, le pharaon Aménophis III et ses proches – que se dessina cette tendance nouvelle. En plaçant au sommet du système religieux égyptien non plus Atoum (le créateur honoré à Héliopolis) ou Amon-Râ (le « dieu caché » de Thèbes, revêtu des apparences solaires), mais Aton, le Disque, dispensateur des forces vitales, c'est l'astre qui était révéré en tant que tel, sans attribut figuré, ni statue anthropomorphique. Aton n'est donc plus réductible à une idole : il est adoré sous sa forme à la fois céleste et unique. Il revêt, dans les cieux, son aspect spiritualisé de divinité suprême, dont toutes les autres ne sont que des manifestations diverses et locales. Avec le culte d'Aton, la religion égyptienne s'achemine donc vers un concept monothéiste.

Conscient de la révolution spirituelle que suppose une telle mutation des croyances, Aménophis III ne pratique le culte d'Aton qu'avec certains membres de son entourage, sans exclusive ni fanatisme. S'il se « convertit » à la mystique atonienne, il ne condamne pas pour autant les autres formes de croyances auxquelles était attaché le peuple d'Égypte. Il fait preuve de tolérance.

LA CRISE RELIGIEUSE SOUS AKHENATON

À la mort d'Aménophis III, son fils, Aménophis IV, accède au trône pharaonique. Il partage les conceptions religieuses de son père, mais son exaltation mystique va s'exprimer dans de vastes campagnes de construction destinées, à Karnak même, ainsi que dans d'autres villes égyptiennes, au culte d'Aton. Il érige des temples à la gloire du dieu de la religion nouvelle, dont il se considère comme le prophète. Désormais, l'atonisme cesse d'être un culte élitaire : Aménophis IV, qui règne de 1372 à 1354, veut faire partager à son entourage et à son peuple les conceptions dont il est le porte-parole et l'animateur passionné.

Par là même, il se dresse contre le puissant clergé d'Amon à Karnak, qui voit sa suprématie menacée et ses revenus confisqués. La rupture est inévitable. Elle entraînera le fanatisme et l'exclusion, comme tous les schismes. L'hérétique décide alors de quitter Thèbes et de gagner la Moyenne-Égypte, où il fonde une ville nouvelle qui sera la capitale de l'empire. Il s'agit d'Akhetaton – « l'Horizon du Disque » –, où il entraîne toute la cour et l'administration du pays. Sur un site nommé aujourd'hui Tell el Amarna, Aménophis IV, qui a pris le nom d'Akhenaton – littéralement, « celui qui plaît au Disque » –, érige plusieurs temples dédiés à Aton.

Cartouche du pharaon Akhenaton.
Ce cartouche est sculpté dans le calcaire (Turin, Museo Egizio).

LES CONSTRUCTIONS DU PHARAON HÉRÉTIQUE

Les bâtiments consacrés au dieu Aton et au culte du Disque constituent une parenthèse unique et spécifique dans l'histoire de l'architecture pharaonique. Ils diffèrent tant par les proportions, les fonctions et les espaces que par le mode de construction. Si la plupart des réalisations d'Akhenaton édifiées hors de Tell el Amarna n'ont laissé que des matériaux épars, remployés dans le corps de pylônes ou de murs postérieurs, en revanche, à Akhetaton, tout vestige des sanctuaires disparut à la suite de la condamnation de la religion hérétique.

C'est pourtant cette destinée dramatique qui nous a permis de conserver le tracé exact des plans des temples dédiés à Aton. En effet, la destruction fut l'œuvre de Ramsès II qui, pour occulter toute trace des bâtiments honnis, fit couler du béton sur le sol après en avoir fait disparaître les matériaux. Or, les fondations d'Akhetaton obéissaient à une technique originale : dans les tranchées ménagées dans le sol à l'endroit des futurs murs, on étendait une couche de plâtre blanc. À l'aide d'une corde revêtue de suie et tendue à l'exact emplacement où s'élèverait un mur, on marquait les lignes du plan « par vibration », écrit l'égyptologue Paul Barguet. Ce sont ces tracés qui ont été découverts dans le sol d'Akhetaton sous la couche de sable qui recevait les blocs. Quant à l'élévation, les peintures et les reliefs des tombes amarniennes permettent d'en reconstituer l'aspect.

LES TEMPLES SOLAIRES D'AKHETATON

On ne construit pas un temple destiné à l'adoration du Disque solaire comme on édifie la demeure d'un dieu dont l'idole est l'objet d'un culte au fond d'un sanctuaire obscur et mystérieux. Le rituel solaire d'Aton implique en effet, en lieu et place des formes traditionnelles, une relation directe avec le Soleil créateur. Le culte ne se pratique donc plus dans une salle mais en plein air. Il s'ensuit une révolution de l'architecture aussi profonde que celle de la théologie.

Certes, il existait dès l'Ancien Empire des temples voués au Soleil construits par le clergé héliopolitain. La tradition des autels solaires – dont on trouve un exemple dans le temple d'Hatchepsout à Deir el Bahari – s'est maintenue jusqu'à la Basse Époque. Mais ces sanctuaires à ciel ouvert s'inscrivaient dans des édifices classiques conçus dans le cadre du polythéisme égyptien, et non dans celui d'un monothéisme exclusif, comme l'était le culte d'Aton. Ce dernier suscita d'ailleurs de vastes constructions dont l'aspect reste unique dans l'histoire de l'art pharaonique.

Relevé de peintures des tombes de Tell el Amarna : le temple d'Aton

Surmontée du disque d'Aton, la perspective « aérienne » saisit les pylônes du grand temple d'Aton : partout dans cet édifice non couvert les portes sont surmontées du linteau brisé destiné à ne pas porter d'ombre sur l'axe de pénétration du sanctuaire. Des autels et des tables d'offrandes sont préparés pour le culte du dieu unique. Un important clergé s'affaire dans les cours et sous les portiques. Ce relevé, dessiné il y a 150 ans par Lepsius dans la nécropole de Tell el Amarna, nous renseigne sur l'aspect des bâtiments qui furent rasés dès Ramsès II.

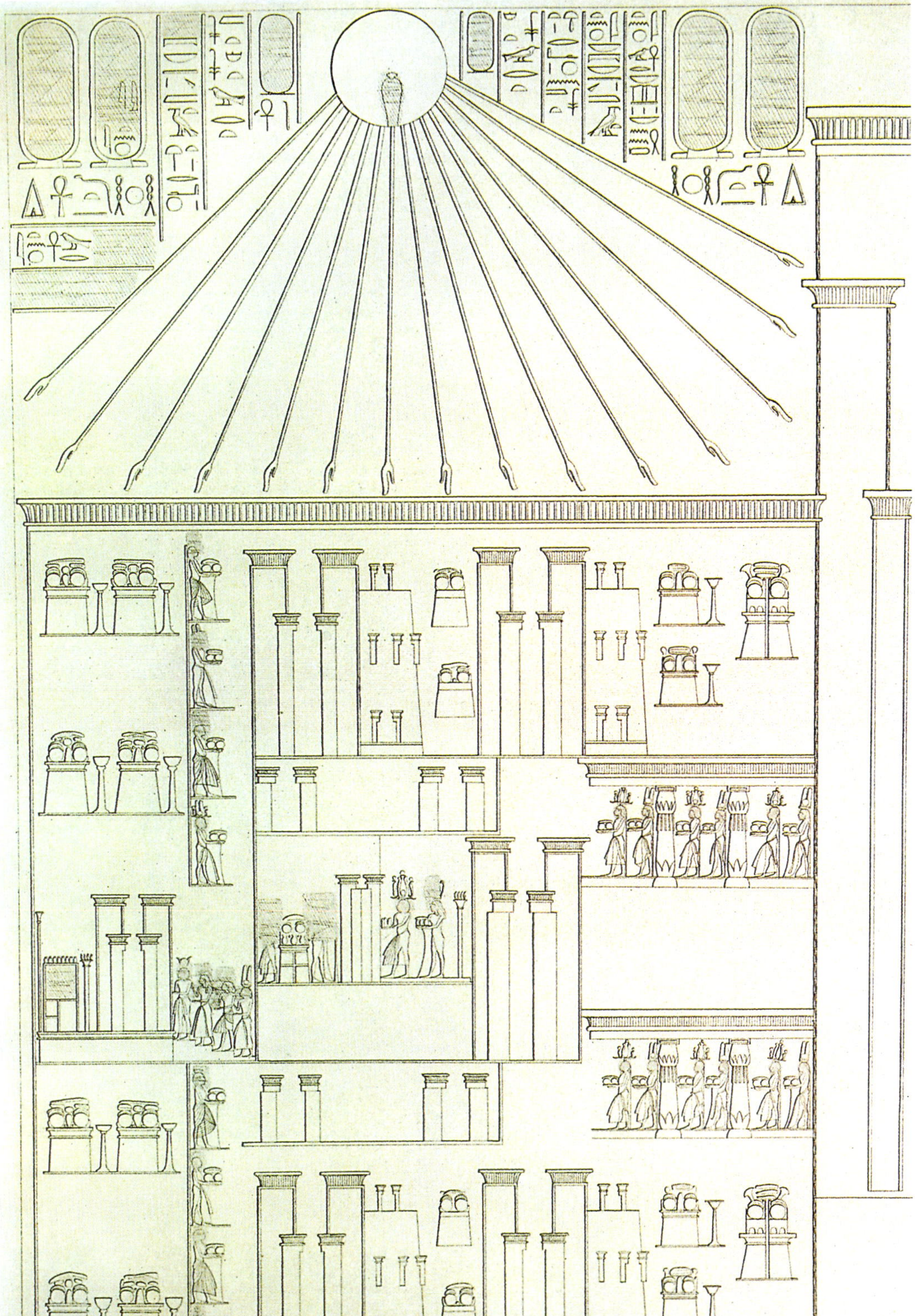

Il n'est donc pas surprenant que le plan du grand sanctuaire d'Aton à Tell el Amarna diffère profondément du temple d'Amon à Karnak. Le principal lieu de culte à Aton, tel qu'il peut être restitué dans la capitale du pharaon hérétique, est orienté d'ouest en est – en fonction de la course du Soleil : sur une immense aire sacrée, il couvre 250 mètres de long pour seulement 40 mètres de large. C'est une enfilade de cours ouvertes sur le ciel.

À l'entrée de cette « Maison d'Aton » se dressait un pylône devant lequel dix hauts mâts garnis d'oriflammes. Derrière ce prélude monumental s'ouvrait une perspective comportant six portes à linteaux brisés jalonnant des cours en enfilade qui ménageaient un accès rectiligne jusqu'au saint des saints, ou « Rencontre du Disque ».

Au dos du pylône on trouvait, de part et d'autre de l'axe de pénétration, un double portique latéral totalisant deux fois huit colonnes. Ce « vestibule » donnait accès à la série de cours oblongues et étroites, dans lesquelles étaient disposés en bon ordre, sur quatre rangs à gauche comme à droite, des dizaines de tables d'offrande. D'autres autels étaient répartis par centaines autour du temple, dans l'enceinte mesurant 760 mètres sur 270. Cette multitude de structures cubiques en brique, rigoureusement alignées et mises à disposition des fidèles qui venaient y déposer leurs modestes dons, atteste l'importance que la religion atonienne accordait à la participation populaire au culte du Disque.

Dans le temple d'Akhetaton, le roi, accompagné de la belle Nefertiti et de ses filles, venait rendre en personne un culte au Soleil créateur, dispensateur de toute énergie, de toute vie, ainsi que le montrent des bas-reliefs.

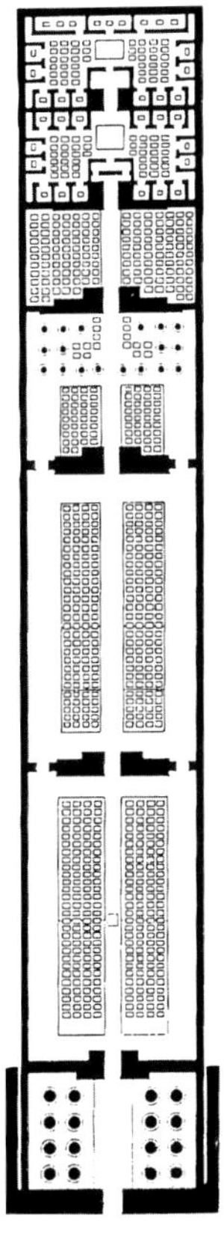

Plan du Grand Temple d'Aton à Tell el Amarna.

Akhenaton, Nefertiti et une de leurs filles honorent le Disque au moyen d'offrandes.
Sur des tables de sacrifice sont déposés des bouquets de fleurs de lotus.
Aux extrémités des rayons, des mains, qui parfois tiennent des clés de vie, expriment les bienfaits du dieu solaire. Ce bas-relief, datant peut-être de 1355, accentue les caractères expressionnistes de l'art amarnien. Il souligne la silhouette inusitée du roi, son visage exalté et la couronne allongée en forme de haute tiare (Le Caire, Musée égyptien).

Un portrait inachevé en quarzite de la belle Nefertiti.

Cette œuvre échappe aux déformations amarniennes. La perfection absolue de ce visage fier et sa sensualité spiritualisée trouvent, dans cet « exercice » du sculpteur Thoutmose, leur expression émouvante.

Le sommet du crâne, ébauché, devait recevoir une coiffure volumineuse, traitée dans un autre matériau. La légère polychromie, avec les rehauts des yeux dessinés à l'encre, ajoute à l'aspect évanescent de la reine (Le Caire, Musée égyptien).

Akhenaton et Nefertiti eurent cinq filles.

Celles-ci sont souvent associées aux scènes de la vie familiale et du culte. Ce portrait sculpté de l'une d'entre elles, qui fut découvert à Tell el Amarna, dans la maison du génial Thoutmose, sacrifie à la « mode » amarnienne des lèvres charnues. En outre, la déformation crânienne pratiquée à cette époque se perpétuera jusqu'au temps de Toutankhaton (Le Caire, Musée égyptien).

ORIGINALITÉ DE L'ART AMARNIEN

La technique de construction propre à l'époque amarnienne nous vaut de connaître certaines caractéristiques de l'art pictural et des reliefs ornant tant le palais que les temples.

L'architecture du règne d'Akhenaton est, en effet, réalisée en appareil de petites dimensions : les *talatats* (terme arabe qu'utilisent les ouvriers des chantiers de fouilles). Il s'agit de blocs de grès (à Karnak) ou de calcaire (à Tell el Amarna) ayant l'aspect de briques : 52 cm sur 26 cm pour 21,5 cm d'épaisseur. Lors du démontage des sanctuaires atoniens sous Ramsès II, ces matériaux furent remployés dans de nouveaux murs ou pylônes. Or, la plupart de ces blocs présentaient une face ornée de peintures ou de reliefs. Ces fragments ont permis de reconstituer certains thèmes de l'art amarnien. D'autre part, les fouilles sur le site d'Akhetaton ont fait surgir des fresques ornant les palais et les maisons privées, alors que les tombes des environs présentaient des vestiges de décorations. Grâce à ces documents, on sait que l'art du second quart du XIVe siècle se distinguait par une grande spontanéité, une liberté et un caractère pittoresque qui tranchent par rapport à l'art égyptien traditionnel, souvent hiératique.

Dans le domaine de la sculpture, les colosses représentant Akhenaton attestent une volonté d'expressionnisme qui contraste avec l'idéalisation de l'image humaine qu'offre l'esthétique pharaonique antérieure. Le roi hérétique est figuré avec un visage étroit et émacié, un sourire extatique, des yeux comme bridés et allongés. Son corps est difforme : la poitrine est creuse, le ventre proéminent, les hanches sont larges et les cuisses rondes, comme féminines. La silhouette androgyne du souverain surprend, comparée avec la superbe féminité de la reine Nefertiti, dont les portraits ont été mis au jour dans l'atelier du sculpteur Thoutmose.

Quant aux princesses, qui présentent le même visage étroit que leur père, leurs traits fins, leur bouche sensuelle et leur nez menu s'accompagnent d'une importante déformation crânienne, le crâne étant comme étiré en arrière, selon des pratiques en usage chez certaines tribus primitives.

Ce style amarnien, qui n'exclut pas une grande fidélité au réel et à la nature, aboutit à un art éminemment vivant proche parfois des fresques minoennes de Santorin (vers 1450 avant J.-C.). On y perçoit une gentillesse et une espièglerie délicieuses.

Le profil altier de Nefertiti
Selon le traitement de ce bas-relief qui relève de l'expressionnisme amarnien, la reine subit les outrances du style de l'époque : cou trop frêle sous une tête portant une coiffure trop volumineuse, lèvres trop épaisses et yeux étirés. Sur le lourd couvre-chef en forme de mortier, des cobras jouent le rôle de l'uraeus royal, habituellement disposé sur le front du souverain. Cette œuvre provient du Grand Temple (Gemathon) à Tell el Amarna (Le Caire, Musée égyptien).

VERS LA RESTAURATION DU CULTE D'AMON

La réforme amarnienne se solda pour l'Égypte par un recul de la puissance pharaonique. Le désintérêt d'Akhenaton pour la politique impériale asiatique menée par ses prédécesseurs, et sa passion exclusive pour les questions théologiques aboutirent à une période d'anarchie dont profitèrent les Hittites, qui s'emparèrent des marches égyptiennes en Syrie et en Phénicie. De même, les désordres internes qui se développèrent durant cet épisode exalté eurent pour conséquence un appauvrissement de l'administration et des campagnes.

Le règne de l'hérétique sombra dans le chaos. La succession revint à un prince nommé Toutankhaton, qui résida d'abord à Tell el Amarna, en manifestant pourtant un désir de retour aux valeurs traditionnelles et au culte d'Amon. Après trois ans d'hésitation, il rejeta la religion d'Aton. Adoptant le nom de Toutankhamon, il entama l'œuvre de restauration des cultes anciens. Paradoxalement, ce pharaon obscur et méconnu, qui mourut avant d'atteindre sa vingtième année (en 1345 avant J.-C.), est celui qui devait connaître la plus grande gloire posthume, grâce aux trésors intacts découverts en 1922 par Carnarvon et Carter dans sa petite tombe de la Vallée des Rois.

Les œuvres retrouvées en abondance autour des sarcophages d'or et dans les chambres où s'entassait le prodigieux viatique du jeune souverain attestent souvent une survivance des formes d'expression amarniennes, ce qui leur vaut une sensibilité et une finesse touchantes.

Au sortir de la crise religieuse, le général Horemheb, que soutenait le clergé de Thèbes, accéda au trône en 1343 avant J.-C.)et condamna la mémoire d'Akhenaton, raya son nom des tables royales et prépara l'avènement de la glorieuse XIXe dynastie, celle des Ramessides.

La pharaon Toutankhamon, tel qu'en lui-même...
Lorsqu'il atteint sa majorité, le souverain qui a rétabli le culte d'Amon récuse les formes amarniennes : il revêt les traits idéalisés et radieux de ses prédécesseurs. Seule subsiste, sur cette statue colossale en albâtre (où le roi figure à la gauche du dieu Amon de Karnak), la découpe des yeux presque bridés d'Akhenaton. Cependant, la crise amarnienne semble bien être résorbée (Turin, Museo Egizio).

Le trésor de Toutankhamon : découverte inouïe des richesses d'un souverain méconnu.

L'opulence du mobilier funéraire de ce souverain de transition, qui ne dépassa guère l'âge de vingt ans, enflamme l'imagination. Que devaient donc être les splendeurs des grands souverains qui connurent un long règne ? On n'ose y penser.

À l'image exacte du sarcophage d'or massif de Toutankhamon, ce cercueil miniature fait partie d'un groupe de quatre, tous identiques, qui contenaient les viscères du roi dans l'édicule aux canopes. Il est reproduit ici grandeur nature, ce qui permet d'admirer le travail de cloisonné des orfèvres égyptiens vers 1340 avant notre ère (Le Caire, Musée égyptien).

Gardien de la nécropole, le dieu Anubis veillait à l'entrée de la chambre aux canopesde Toutankhamon.

Longue de près d'un mètre, cette sculpture sur bois représente le chien sauvage du désert plutôt que le chacal. L'animal qui rôde au crépuscule, avec ses longues oreilles, son museau pointu et ses pattes fines, est le maître des cités des morts. Ici, il est recouvert de vernis noir rehaussé d'or et comporte des yeux en albâtre et en obsidienne (Le Caire, Musée égyptien).

VII

LA GLOIRE DES RAMESSIDES :
UNE FRÉNÉSIE DE CONSTRUCTION

L'honneur d'inaugurer la XIXe dynastie (1306-1186) revient à un général qui s était distingué en Asie en rétablissant l'autorité égyptienne après la débandade des vassaux durant la crise amarnienne.
Ce stratège nommé Ramsès est un homme âgé qui ne régnera que deux ans. Il n'en donnera pas moins son nom à une époque glorieuse du Nouvel Empire : le temps des Ramessides.
Son fils, Séthi Ier qu'il associe précocement au trône, rend tout son éclat à la puissance pharaonique.
Dès 1312, ce souverain entame une série d'expéditions en Palestine. Simultanément, il donne aux arts un lustre exceptionnel : il met en chantier une série d'ouvrages considérables, auxquels collaborera par la suite son propre fils, le grand Ramsès II (1290-1224).
Ce dernier, dès la cinquième année de son règne – qui durera soixante-six ans –, affronte à Qadesh, sur la boucle de l'Oronte, en Syrie du Nord, les armées des Hittites d'Anatolie au cours d'une bataille mémorable, et amplement commémorée d'ailleurs tant par les reliefs couvrant les édifices du souverain que par les textes du fameux *Poème de Pentaour*. Ses hiéroglyphes clament la victoire qu'aurait remportée l'Égyptien, seul sur son char, matant l'armée hittite qui l'attaquait par surprise.
Depuis le règne d'Aménophis IV, les Hittites, sachant que le roi hérétique était habité par d'autres préoccupations, avaient tenté une série de manœuvres politiques et militaires pour s'emparer des possessions égyptiennes en Asie. Ils remportèrent des succès en annexant le Mitanni et en s'emparant du verrou stratégique que représentait Karkemish (entre Syrie et Anatolie). Désormais, les Hittites empiétaient directement sur les territoires situés dans l'aire d'influence de l'Égypte au Proche-Orient.
Le souverain hittite Moursil II signa un traité de non-agression avec Séthi Ier, après que celui-ci eut réussi à reprendre la forteresse de Qadesh, borne septentrionale de l'impérialisme pharaonique en Syro, Palestine depuis le règne de Thoutmosis III.
Son successeur, Mouwattali, bousculé sur les plateaux anatoliens par des tribus d'envahisseurs venus du Nord de la mer Noire, dut abandonner sa capitale Hattousas. En 1296, s'avançant vers le Sud, il y surprit Ramsès II, lequel avait précisément rassemblé ses troupes à Qadesh, croyant l'armée hittite en fâcheuse posture.
À partir de là, les textes divergent. Les Hittites crient victoire, alors que le pharaon prétend avoir défait son ennemi, désormais qualifié de « vaincu de Qadesh ». Guerre de communiqués ? Il semble que la vérité soit à mi-chemin de ces chants de triomphe, entonnés de part et d'autre.
En réalité, Ramsès II, avec une poignée de guerriers intrépides, réussit à se dégager. Il signa une trêve, sans toutefois se retirer. Peu après, la révolte des vassaux de l'Égypte en Palestine exigea une nouvelle campagne. En 1288, les Hittites furent battus. Un autre traité, de 1278, consacra le *statu quo* et Ramsès II, pour sceller la paix entre les belligérants, épousa successivement deux des filles d'Hattousil III.

Le trop long règne de Ramsès II s'acheva dans l'immobilisme et le laxisme. Cette politique donna confiance à tous ceux qui rêvaient de s'en prendre à la puissance du vieux pharaon et de s'emparer des riches cités de la vallée du Nil. Les mouvements de libération osèrent s'exprimer ouvertement, les courants centrifuges se renforcèrent et les liens maintenus par des traités se distendirent, faute d'autorité pour les faire respecter. Malgré l'image d'invincibilité que donne toujours le pays, l'Égypte devient une sorte de forteresse assiégée.

À l'intérieur du grand temple d'Abou Simbel, Rosellini avait contemplé de chatoyantes peintures (détail). Aujourd'hui disparues, ces couleurs rehaussaient les bas-reliefs où Ramsès II commémore ses victoires, et en particulier celle de Qadesh, sur l'Oronte, contre les Hittites. Ci-dessous, le départ en campagne sur un fringant char de guerre.

Séthi Ier faisant des libations au moyen d'une aiguière d'or à bec verseur.

Ce détail d'un relief ornant le couloir dit des Annales – où figurent les *Tables des Rois* – illustre l'extraordinaire finesse de l'art au temps des premiers Ramessides. Au-dessus de la tête du roi vole le vautour symbolisant la déesse protectrice Nekhbet.

L'ÂGE DES GRANDS TRAVAUX

Pour faire pièce aux desseins d'expansion des Hittites en s'approchant du théâtre des opérations en Asie, et pour s'opposer au danger nouveau que faisaient naître les mouvements des « peuples de la mer », Ramsès II édifia en Basse-Égypte, près d'Avaris, la cité forte de Pi-Ramsès. Celle-ci, en raison de sa situation stratégique sur le passage entre la Palestine et le Delta, devint la résidence de plusieurs pharaons de la XIXe dynastie qui en firent, dit-on, une capitale magnifique.

Sur son flanc occidental, le pays était également menacé par les turbulents nomades nommés Libous (Libyens). Pour les contenir, Ramsès II construisit à la lisière ouest du Delta une série de cités de garnison destinées à contrôler leurs incursions.

Dans toute la vallée du Nil, les nouvelles implantations se succédaient. On constate une rénovation générale du tissu urbain : diverses fondations sont conçues sur le modèle des centres administratifs et militaires ; elles reflètent la tradition de l'urbanisme en damier, dont Illahoun, au Moyen Empire, offrait un exemple. Ces plans remontaient aux créations de l'Ancien Empire, ainsi que le suggèrent l'ensemble de Djezer et la disposition des mastabas alignés autour des grandes pyramides, les nécropoles reproduisant l'idéal des cités pharaoniques.

Dans le domaine architectural, la période qui va de l'avènement de Séthi Ier à la mort de Ramsès II (1312-1235) est probablement celle qui a laissé la plus imposante série de monuments. Ces créations sont aussi colossales que somptueuses. Leur réalisation transforma la vallée entière en un gigantesque chantier. On ne citera que les plus prestigieuses : Séthi Ier et Ramsès II construisirent le temple de Gourna, le grand sanctuaire d'Abydos et la formidable salle hypostyle de Karnak (commencée par Horemheb). Quant à Ramsès II, on lui doit les deux spéos d'Abou Simbel et leurs majestueuses statues ciselées dans la falaise bordant le Nil, en Nubie, ainsi que le Ramesséum ou « Temple aux millions d'années », destiné au culte du souverain, sans parler des adjonctions au temple de Louxor, des obélisques, des sanctuaires répartis dans la Basse et la Moyenne-Égypte.

Bref, l'âge des Ramessides laisse l'impression d'un phénoménal effort de construction : sur tous les sites importants du pays on retrouve des effigies et des bas-reliefs, des inscriptions victorieuses, des statues hiératiques et fières – parfois usurpées à des prédécesseurs plus ou moins lointains – qui attestent la fièvre des bâtisseurs de la XIXe dynastie. Pour la plupart, ces œuvres portent les cartouches de Ramsès II, de son vrai nom Ousimaré Setepenrê Miamon, « le dieu Râ l'a fait naître ».

La chapelle où se déroulaient les mystères d'Osiris, maître de l'au-delà.
Au fond du temple d'Abydos, Séthi Ier a fait ériger un ensemble de salles transversales formant un petit sanctuaire hypostyle, consacré au dieu de la résurrection. Il y règne une atmosphère recueillie. Les scènes peintes qui rehaussent les murs illustrent le rituel. Les colonnes cylindriques ne sont surmontées que d'un abaque.

ABYDOS :
LE TEMPLE DE SÉTHI Ier

Dans la vieille cité d'Abydos, les rois de l'Ancien Empire avaient construit leurs curieux cénotaphes qui, en répondant aux sépultures de Guizeh, Saqqarah ou Dashour, affirmaient le pouvoir du pharaon sur le pays des Deux-Terres. C'est là que Séthi Ier décida d'édifier un temple imposant. Il ne s'agissait pas tant d'un monument funéraire à sa propre gloire – il édifia à Gourna son « Temple aux millions d'années », non loin de l'immense hypogée aménagé dans la Vallée des Rois – mais plutôt d'un sanctuaire de conception totalement nouvelle.

Le temple d'Abydos était consacré en premier lieu aux sept divinités auxquelles le souverain voulait être associé (Amon-Râ, Horus, Harmakhis, Ptah, Isis et Osiris, ainsi que Séthi Ier lui-même, divinisé). En outre, il avait pour fonction de commémorer la mort et la résurrection d'Osiris. Il comportait donc deux parties distinctes : un temple proprement dit, avec ses cours, ses salles hypostyles et ses chapelles, et, en retrait, l'Osiréion, cénotaphe d'Osiris, situé en contrebas, derrière le monument. On y accédait par une galerie inclinée souterraine reproduisant l'aspect d'une tombe. Longue de plus de 80 mètres, elle conduisait à un étrange bâtiment qui retiendra toute notre attention.

Relief de Séthi Ier en officiant, temple d'Abydos.
Le souverain, coiffé d'une simple calotte pourvue de l'uraeus royal, officie dans son temple.

Mais examinons d'abord le temple de Séthi Ier : si les pylônes et les deux cours qui le précédaient ont disparu, en revanche, deux salles hypostyles, avec leurs chapelles, subsistent dans un remarquable état de conservation. Elles possèdent leurs dalles de couverture et comportent des vestiges de polychromie étonnamment frais.

La première salle hypostyle est subdivisée en treize nefs alternées – une large – une étroite, les sept plus larges correspondant aux sanctuaires des sept divinités. Elle est formée de deux rangs de douze colonnes papyriformes, soit trois travées de profondeur. La seconde salle hypostyle reprend la même disposition, mais sur quatre travées, et totalise trente-six colonnes. Chaque nef large conduit à l'une des chapelles de 5 mètres sur 10 dans lesquelles devaient prendre place les barques de procession servant à transporter les statues des divinités que l'on présentait au peuple les jours de grandes festivités.

La présence de la couverture quasiment intacte permet de percevoir l'atmosphère d'obscurité croissante commandée par le rituel. En outre, elle donne une vision parfaite des admirables bas-reliefs qui décorent ces salles hypostyles : caressées par une clarté rasante, les scènes en léger champlevé sont traitées avec une élégance et une sensibilité rares. Ce style illustre toute la maîtrise d'un art qui bénéficie de l'héritage esthétique amarnien, tout en renouant avec les canons du classicisme égyptien.

Derrière les chapelles, et accessible par celle d'Osiris, un véritable sanctuaire en réduction est disposé transversalement. Il offre une petite salle hypostyle comptant douze fûts et une salle carrée à quatre colonnes. Dans cette partie reculée, la présence des plafonds a permis la conservation des couleurs rehaussant les reliefs. Il n'existe que peu de sanctuaires pharaoniques où l'on perçoive aussi bien le caractère magique du lieu de culte.

Au sud-est de cet ensemble, le temple comporte une aile asymétrique à laquelle on accède par le Couloir des Rois : sur les parois de calcaire fin se trouvent gravées les fameuses *Tables d'Abydos*. Elles énumèrent, avec leurs cartouches, les soixante-seize pharaons ayant régné sur l'Égypte depuis le mythique Ménès, fondateur de la Ire dynastie. Les salles de cette partie du temple servaient de réserves, de trésor et d'abattoirs des bêtes de sacrifice.

L'OSIRÉION,
SANCTUAIRE COSMOLOGIQUE

Quant à l'Osiréion, il est accessible par un couloir souterrain dont les parois de calcaire sont recouvertes de beaux reliefs datant de Merenptah, qui représentent les scènes du *Livre des Cavernes*. Ce décor relate les phases de la reconstitution du corps démembré d'Osiris ainsi que sa résurrection et, d'autre part, le rôle divin du souverain à l'image d'Horus, selon le *Livre des Portes*.

Après un vestibule, on pénètre à angle droit dans le cénotaphe proprement dit, dont Strabon, qui visita ce *Memnonium* d'Abydos, et peut-être Hadrien lui-même, semblent avoir eu connaissance. Il s'agit d'une vaste construction rectangulaire de 50 mètres sur 32. Dans sa partie centrale, elle présente d'énormes portiques à piliers carrés de granit rose analogues à ceux du temple bas de Khéphren, antérieur de près d'un millénaire et demi. Cette structure, qui occupe un îlot de 22 mètres sur 12, est entourée d'un « canal », ou bassin, qu'alimente la nappe phréatique située au niveau du Nil. Alentour, dix-sept chapelles bordent l'ensemble que précède un vestibule d'entrée barlong à couverture en bâtière. À l'extrémité opposée, une autre salle transversale, également couverte d'un plafond à deux pans, est décorée de bas-reliefs figurant des représentations astronomiques. Sous l'image de Nout, la déesse du ciel, on suit, comme dans la tombe de Séthi Ier, la marche du soleil, le lever des étoiles et des planètes. L'un des textes qui couvrent les parois énonce les règles de construction d'une horloge solaire.

Plan de l'Osiréion de Séthi Ier, à Abydos

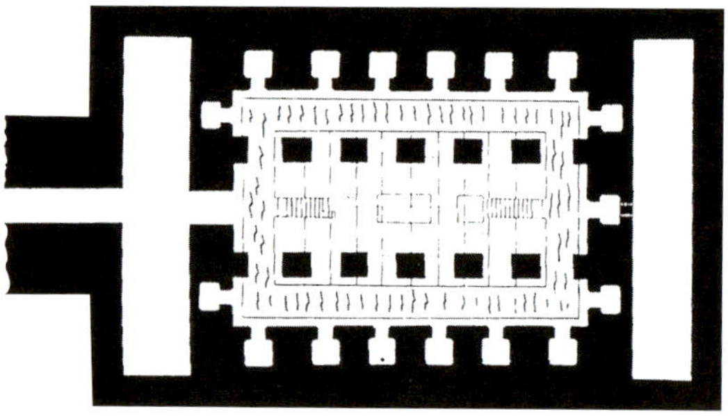

Derrière le temple d'Abydos, on découvre en contrebas l'Osiréion inondé.
Avec ses énormes piliers de granit rose, l'édifice consacré au culte d'Osiris rappelle les structures du temple bas de Khéphren à Guizeh. C'est là que se trouvait le cénotaphe, à la fois lieu de naissance et de résurrection, du dieu des défunts.

Double page suivante :
Une scène décorant le couloir souterrain qui descend dans l'Osiréion d'Abydos.
Une procession tire une barque divine, dont le naos-cabine contient l'image de Khnoum, le bélier créateur, selon le texte du *Livre des Portes*. Ces compositions sculptées sur calcaire furent exécutées sous Merenptah, héritier et successeur de Ramsès II.

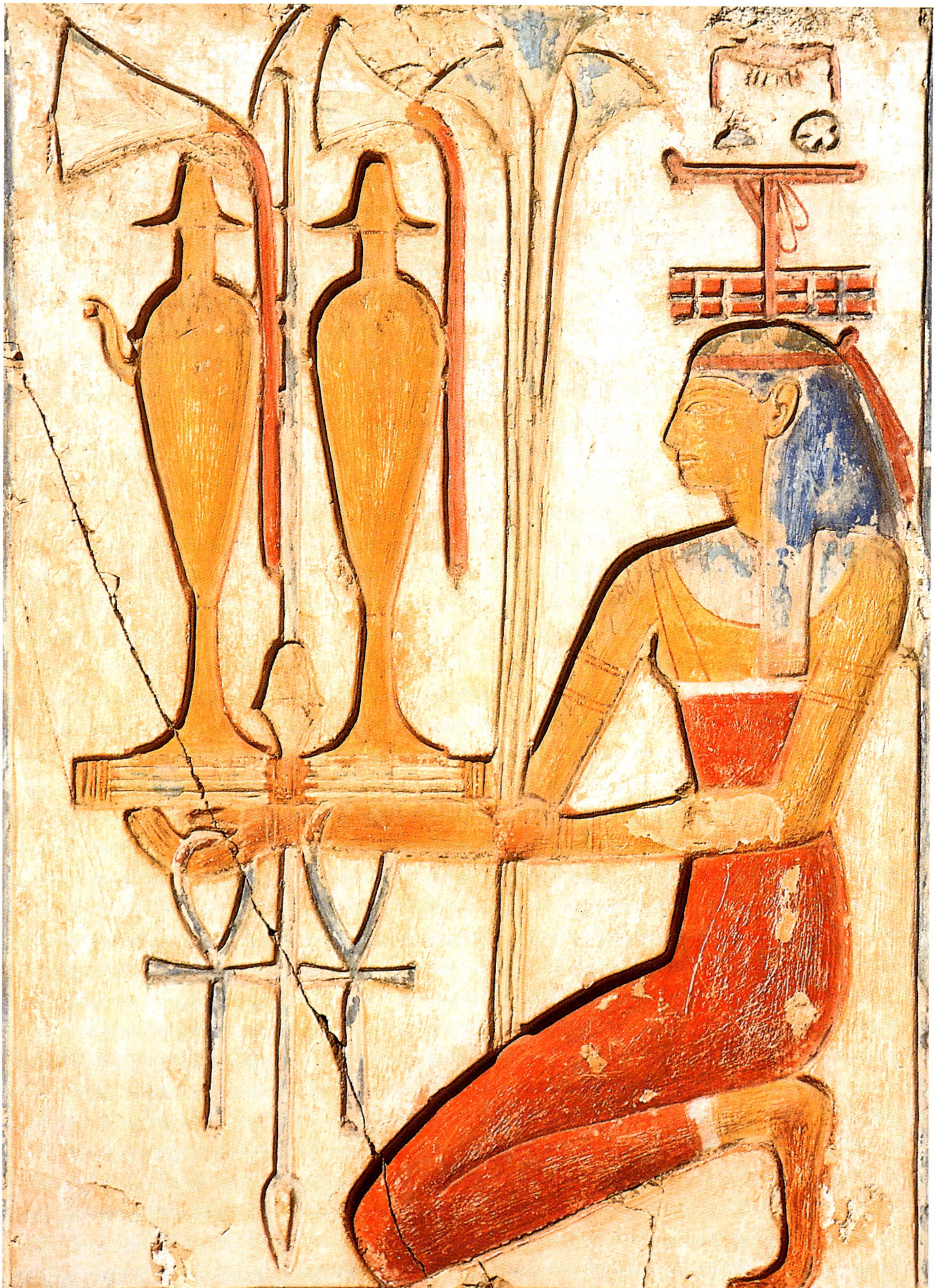

Curieusement, aucun pont ne franchissait le bassin : l'îlot n'était il accessible que par des escaliers descendant dans l'eau ? Ou bien existait-il une passerelle amovible qui n'était disposée que lors de certaines cérémonies ?

Sur la plate-forme centrale prenaient place un sarcophage vide et une chapelle destinée aux vases canopes, formant le cénotaphe. Il semble que cette structure souterraine n'était pas couverte, le bassin et son îlot restant ainsi en liaison directe avec le ciel.

Selon toute probabilité, il s'agissait d'un lieu magique, où les prêtres établissaient une relation cosmologique entre l'image de l'Océan primordial et celle de l'îlot symbolisant la colline originelle, théâtre de la création du monde. En même temps, ce site qui représentait la tombe d'Osiris se confondait avec l'endroit où celui-ci renaissait. Dans le cadre d'une astronomie sacrée, associée au pouvoir du roi, Maître des Étoiles et du Zodiaque, l'Osiréion conjuguait les symboles de création, de vie, de mort et de résurrection avec les cycles solaires et stellaires. Car, en ressuscitant comme Osiris, le pharaon s'unit aux « Impérissables », les astres qui tournent immuablement au firmament. Séthi Ier a réalisé à Abydos l'un des monuments les plus signifiants de la religion égyptienne et du culte du souverain.

L'importance d'Abydos était telle que Ramsès II désira, lui aussi, édifier son propre temple sur ce site vénéré. Il n'en subsiste, hélas, que des soubassements, jusqu'à mi-hauteur, sur les parois desquelles de magnifiques vestiges de bas-reliefs ayant conservé leur polychromie font regretter la disparition des superstructures.

Porteuse d'offrandes agenouillée dans le temple de Ramsès II à Abydos.
Les beaux reliefs de ce sanctuaire arasé à mi-hauteur conservent une polychromie intense. La robe rouge, les vases d'or, la chevelure de lapis forment une harmonie que souligne une composition d'une grande fluidité. Au vu de ce détail, on imagine l'architecture pharaonique entièrement rehaussée de vives couleurs.

KARNAK,
LA « MERVEILLE DU MONDE »

Dès l'Antiquité, la grande salle hypostyle du temple d'Amon, à Karnak, construite entre le deuxième et le troisième pylône, passa pour l'une des sept merveilles du monde. Mis en chantier sous Horemheb, et réalisé pour l'essentiel par Séthi Ier et Ramsès II, ce phénoménal espace architectural comporte cent trente-quatre énormes colonnes. Celles-ci, soutiennent à plus de 20 mètres de hauteur, une toiture de pierre couvrant 102 mètres de large par 52 mètres de profondeur, soit plus d'un demi-hectare. L'allée centrale, éclairée par des fenêtres à claustra, culmine à 24 mètres avec ses douze colonnes campaniformes. Cette large et haute allée centrale, bordée de colonnes pesant peut-être 500 tonnes chacune, remontait d'ailleurs au règne d'Aménophis III. Elle correspondait à la grande colonnade que le même pharaon avait édifiée dans le temple de Louxor.

Seules les deux ailes, comptant chacune soixante et un fûts à chapiteaux papyriformes, étaient l'œuvre d'Horemheb et des Ramessides. Mais c'est à la conception d'un tel espace couvert que Karnak doit sa célébrité. Cette salle n'était nullement faite pour recevoir de nombreux fidèles, mais avait pour seule fonction de servir de reposoir à la barque sacrée. La démesure de Karnak s'y exprime, témoignage de la mégalomanie d'une dynastie qui éclipse les œuvres des souverains précédents, non seulement dans les monuments du culte royal, mais dans le domaine des temples divins.

La grande salle hypostyle du temple d'Amon à Karnak.

Hauts fûts de l'allée centrale créée par Aménophis III, surmontés de chapiteaux campaniformes largement évasés. Ramsès II ne manqua point d'y faire graver ses propres cartouches lorsqu'il acheva, à la suite de Séthi Ier, la décoration des salles hypostyles latérales de ce reposoir hypertrophié de la barque.

Le temple d'Amon à Karnak.

Vue depuis la rive orientale du lac sacré avec, au fond, le premier pylône devant lequel s'étend la grande salle hypostyle, œuvre conjuguée des pharaons Aménophis III, Horemheb, Séthi Ier et Ramsès II.

Au grand temple d'Amon à Karnak : la forêt de colonnes des espaces couverts.

Dans cette vaste halle aux fûts galbés, surmontés de chapiteaux papyriformes fermés, les cent vingt-deux colonnes débutées par Horemheb, mais achevées au début de la XIXe dynastie, portent un décor sculpté au temps de Séthi Ier et de Ramsès II dont on retrouve partout les cartouches.
Les reliefs font défiler une procession de divinités sur ces puissants supports qui ont, malheureusement, perdu leurs dalles de couverture.

Double page suivante :

Architecture sculptée, les temples d'Abou Simbel se dressent pour la plus grande gloire de Nefertari et de Ramsès II.

Le grand spéos montre quatre fois Ramsès II trônant. L'un des colosses s'est effondré dans l'Antiquité. Le pharaon qui regarde le soleil levant est désormais devant une véritable mer intérieure : le lac Nasser qui s'étend sur plusieurs centaines de kilomètres, de la Haute-Égypte au Soudan. Cet immense sanctuaire d'autoglorification fut érigé entre 1300 et 1250 avant notre ère.

LES TEMPLES D'ABOU SIMBEL

À l'égard des œuvres qu'il destine à sa propre apothéose, Ramsès II ne connaît pas non plus de limite. Ainsi, au-delà de la première cataracte, dans le site isolé d'Abou Simbel, en Nubie, le souverain fait aménager un grand temple rupestre, ou spéos, réalisation aux proportions surhumaines et grandioses.

Sa façade, entièrement taillée dans la falaise de grès, reproduit l'image d'un pylône que précéderaient quatre colossales statues du pharaon lui-même. Trônant à la manière des fameux *Colosses de Memnon* d'Aménophis III, ces effigies royales, de mêmes dimensions, culminent à une vingtaine de mètres. Images du souverain assis qui regardent le soleil se lever à l'horizon, ces statues prises dans la masse, accolées à la façade en trompe l'œil du temple, se fondent avec la montagne. Elles forment une extraordinaire symbiose entre l'art et la nature. Les architectes s'y muèrent en sculpteurs : ils ne travaillèrent qu'en prélevant des matériaux, et non en les accumulant.

Cette architecture en négatif s'affirme encore dans les espaces internes creusés dans la roche comme de vastes hypogées. La technique des constructeurs de tombes de la Vallée des Rois trouve alors à se magnifier : la grande salle du pronaos, avec ses huit piliers osiriaques hauts d'une dizaine de mètres, montre le pharaon comme figé dans la même attitude que sur les sarcophages. Coiffé du pschent, il porte les insignes du pouvoir : la barbe postiche, le sceptre et le fléau. Le spéos se poursuit par un vestibule à quatre piliers qui conduit au sanctuaire lui-même au fond duquel quatre statues, taillées dans la roche, montrent Hermakhis, Ramsès divinisé, Amon-Râ et Ptah. À gauche et à droite, divers magasins obscurs permettaient d'entreposer le mobilier rituel et les offrandes du sanctuaire.
Ce vaste temple s'enfonce ainsi d'une cinquantaine de mètres dans la falaise : formidable travail de termites, dont il faut encore évoquer le décor.

Les colosses d'Abou Simbel (détail).
Entièrement taillés dans la falaise, les colosses d'Abou Simbel, à l'image de Ramsès II coiffé du pschent, trônent triomphalement face au Nil dans la lumière matinale.
Les colosses portent encore les traces des opérations de découpage de la roche lors du démontage du sancuaire pour le sauver des eaux. Ces traces peuvent se confondre avec les strates géologiques.

À l'intérieur du grand temple d'Abou Simbel, Rosellini avait contemplé de chatoyantes peintures.

Aujourd'hui disparues, ces couleurs rehaussaient les bas-reliefs où Ramsès II commémore ses victoires, en particulier celle de Qadesh, sur l'Oronte, contre les Hittites. On y voit successivement, le départ en campagne sur un fringant char de guerre (en haut), le massacre des Asiatiques foulés aux pieds (en bas), alors que sur un autre panneau (ici au centre), le pharaon, encore en armes, s'empresse d'offrir des prisonniers africains aux divinités.

Celles-ci forment une triade que préside le grand dieu Amon de Karnak, avec Mout, sa parèdre, encadrant le souverain divinisé qui porte les cornes d'Amon, comme le fera, près de mille ans plus tard, Alexandre le Grand, de retour de l'oasis de Siouah.

Le pharaon Ramsès II dans toute sa gloire. C'est ainsi qu'apparaît la superbe statue en basanite (variété de basalte) du souverain trônant, coiffé du casque de guerre. Dans son enthousiasme, Champollion, en contemplant cette œuvre, la qualifia d'« Apollon du Belvédère égyptien » (Turin, Museo Egizio).

En effet les murs du pronaos sont couverts de grandes scènes de batailles. Le thème essentiel exalte la victoire de Ramsès II sur les troupes hittites à Qadesh. Les relevés consignés au début du XIXe siècle montrent la polychromie qui habillait alors les bas-reliefs. C'est ce que prouvent les publications de Rosellini et celles de Champollion qui présentaient l'aspect originel du temple. Au lieu des silhouettes blafardes visibles aujourd'hui, on y découvre un art pharaonique haut en couleur et d'une merveilleuse vivacité.

À quelque distance vers le Nord, Ramsès II fit ériger, selon les mêmes techniques de l'architecture rupestre, le « petit » spéos, consacré à la reine Nefertari. La façade montre six colosses debout séparés par des pilastres couverts de textes. Les effigies en pied de la souveraine, sous forme de la déesse Hathor, sont encadrées, de part et d'autre de l'entrée, par des représentations du roi divinisé. À l'intérieur, le temple comporte un pronaos dont la salle est supportée par six piliers hathoriques. Il se poursuit par un étroit vestibule précédant un saint des saints qui contient l'image sculptée de la vache Hathor.

Emblème de la grandeur des Ramessides, Abou Simbel a été l'objet, lors de la construction du Haut-Barrage sur le Nil, d'une opération exemplaire de sauvetage qui nous vaut de contempler ces chefs-d'œuvre dans leur aspect originel.

L'intérieur du spéos de Nefertari, à Abou Simbel.

Sur leur face bordant l'allée centrale, les piliers présentent l'image d'Hathor. Leurs trois autres faces sont occupées par des divinités tutélaires.
Cette salle carrée, formant pronaos, qui mesure 11 mètres de côté, est entièrement taillée dans la falaise.
Dans le sanctuaire consacré à Hathor, le roi et la reine président aux sacrifices.
De part et d'autre, au revers de l'entrée, Ramsès II fracasse, de sa massue de guerre, le crâne de prisonniers.

LES TEMPLES « FUNÉRAIRES » DE THÈBES ET LES PALAIS ROYAUX

VIIII

Durant la XIXe dynastie, le principe, apparu sous les Thoutmosis et les Aménophis, de l'absolue séparation entre la tombe du pharaon, creusée dans la Vallée des Rois, et de son temple « funéraire » – plus précisément destiné au culte royal – s'est largement imposé. L'intérêt majeur de ces temples réside, pour l'historien de l'architecture, dans le fait qu'ils sont planifiés et réalisés au cours d'un seul règne. Même lorsqu'ils sont achevés par le fils et successeur du souverain, ils ne comportent guère de modifications ni d'adjonctions fondamentales. Cela nous permet de suivre l'évolution du plan des édifices religieux, de lire les options spatiales et l'ordonnance des salles, adoptées en fonction des besoins cultuels. À cet égard les créations des Ramessides à Thèbes sont particulièrement éclairantes. Ces temples permettent de constater combien se complique la conception du sanctuaire, probablement sous l'influence d'un rituel de plus en plus élaboré. Avec eux se constitue le plan-masse type du temple « classique », tel qu'il s'imposera jusqu'à la fin de la civilisation égyptienne, aux premiers siècles de notre ère.

Au fond de la première salle hypostyle du Ramesséum, Ramsès II sacrifie au dieu Amon coiffé de la double plume. Le temple funéraire du roi exalte partout les guerres victorieuses de l'Égypte : ce ne sont que troupes défilant, forteresses assiégées, batailles de chars. Sans cesse répété aussi, le cartouche de Ramsès II qui est, ici, surmonté du soleil et flanqué des cobras royaux.

LE RAMESSÉUM DE THÈBES

Au pied de la montagne thébaine, la masse de la salle hypostyle du Ramesséum.
Série de quatre piliers osiriaques se dressant devant un mur couvert de bas-reliefs, où figure la bataille de Qadesh. À l'extrême droite, un tronçon du gigantesque colosse de Ramsès II, monolithe de granit qui devait peser quelque 1 100 tonnes.

En face de Karnak, Séthi Ier construisit à Gourna un temple dédié à sa propre personne et à celle de son père, Ramsès Ier. Ce sanctuaire, dont ont disparu, comme à Abydos, les deux premières cours et leurs pylônes, comporte une petite salle hypostyle à six colonnes entourée de chapelles. À droite se trouve une cour contenant un autel solaire, alors qu'à gauche se situe le complexe cultuel de Ramsès Ier. Au chevet du bâtiment ne subsistent que des salles très ruinées. L'ensemble est de proportions assez lourdes, avec des colonnes trapues qui contrastent avec l'élégance du temple d'Abydos. Tant le décor que l'architecture sont décevants. Au sud du temple, on trouve un bassin qui entoure un îlot dallé, représentant, comme à l'Osiréion d'Abydos, la butte primordiale. Le thème est donc récurrent.

S'inscrivant dans une vaste enceinte de brique qui mesure près de 300 mètres de long sur 200 mètres de large, le temple de Ramsès II fut édifié par un architecte nommé Penré. Le sanctuaire proprement dit déployait ses cours et ses salles hypostyles sur une longueur de 200 mètres. Il était entouré d'un vaste ensemble de magasins voûtés en brique crue.

Aujourd'hui très ruiné, le Ramesséum offre une intéressante vue de ses structures internes : elles montrent en pleine lumière divers espaces avec leur décoration jadis plongés dans l'obscurité. En réalité, il ne subsiste de l'énorme construction qu'une partie du premier pylône et, dans la première cour, les vestiges d'un colosse monolithique de Ramsès II, haut de 17 mètres, qui devait peser 1100 tonnes. Dans la seconde cour, on trouve, au revers du second pylône, derrière une rangée de piliers « osiriaques », un superbe bas-relief représentant la bataille de Qadesh. En face, une série de quatre colosses précède un vestibule étroit et long. Dans la salle hypostyle, surélevée par rapport aux cours, figure un nouveau bas-relief qui illustre la prise de la forteresse hittite de Dapour (Syrie du Nord). Ici, vingt-neuf colonnes sont debout sur les quarante-huit primitivement érigées.

Le grand relief figurant la mêlée de Qadesh.
Ce relief occupe toute une paroi du Ramesséum. Les chars égyptiens et hittites s'affrontent sur un champ de bataille jonché de cadavres et de blessés.

Elles ménagent – comme à Karnak – une allée centrale plus haute et plus large, dont les chapiteaux campaniformes (épanouis) répondent aux chapiteaux papyriformes (en boutons) des travées latérales. On mentionnera encore les restes d'une seconde salle hypostyle à huit fûts qui en précédait deux autres en enfilade, de dimensions analogues, aujourd'hui détruites. Le saint des saints, lui aussi, a disparu.

De cet énorme ruine qui surgit en bordure de la plaine fertile, avec ses statues brisées et ses salles éventrées, émane un charme romantique. Dans le périmètre de ce temple « funéraire » – notons, le pour mieux souligner ce que ce qualificatif a d'excessif –, on trouve, à gauche de la première cour, un petit palais de Ramsès II, muni d'une fenêtre d'apparition où le pharaon venait saluer les fidèles qui avaient accès à cette partie du temple. Cette formule architecturale, probablement issue des usages de cour établis par Akhenaton à Tell el Amarna, se développera encore sous Ramsès III à Médinet Habou, ainsi qu'on le verra par la suite.

LES VOÛTES EN BRIQUE

Il faut revenir maintenant, dans le cadre du Ramesséum, sur les vastes magasins voûtés construits en brique crue, dont certaines des couvertures en plein cintre ont résisté jusqu'à nos jours. Le recours à la voûte en Égypte, déjà évoqué à propos du temple d'Aménophis III, construit entièrement en brique, comme le sanctuaire de son architecte nommé Amenhotep, fils de Hapou, pose un problème ardu : pourquoi les bâtisseurs de la vallée du Nil n'ont-ils utilisé la voûte que pour leurs édifices en brique ? En effet, jamais on ne trouve, en pierre de taille, la mise en œuvre de claveaux : il n'existe que des fausses voûtes ou voûtes en encorbellement, comme l'illustrent, par exemple, les sept chapelles à couverture arquée du temple d'Abydos. Les techniciens égyptiens ont-ils reculé devant les difficultés que présentait la taille appropriée de la pierre ?

En Égypte, la vraie voûte, en brique crue, apparaît dès la VIe dynastie à Guizeh, dans les couloirs de certains mastabas. Elle s'inspire probablement de l'architecture domestique. L'absence de bon bois de charpente a conduit à la mise au point de ce type de couverture. Au Ramesséum, on peut étudier la technique égyptienne : elle fait appel à des couches superposées de briques et s'apparente au « contreplaqué » moderne.

Les entrepôts voûtés des magasins du temple.
Situées au nord du sanctuaire funéraire, ces réserves étaient destinées au culte. Elles présentent des voûtes faites de trois ou quatre couches de briques crues. On est surpris par la résistance de ce matériau, et surtout par le recours aux techniques très efficaces de l'arc en plein cintre et des claveaux, qui sont par ailleurs absentes dans les édifices de pierre en Égypte pharaonique.

LE RÈGNE DE RAMSÈS III

Le trop long règne de Ramsès II, suivi de celui de Merenptah, treizième fils du grand souverain, marque un essoufflement de la dynastie. On constate également le retour des périls traditionnels : pour s'opposer à la montée de la puissance des Libous qui menacent à nouveau la frontière occidentale, les Égyptiens ne se contentent plus de construire des places fortes : ils veulent anéantir l'ennemi. Ils parviennent tout au moins à écraser ces tribus semi-nomades, ce qui vaut au pharaon quelque répit.

Un renversement des alliances a lieu en Asie lorsque Merenptah estime utile de ravitailler les troupes hittites en lutte contre des nouveaux venus redoutables : les Assyriens. Des troubles jalonnent les tentatives des successeurs pour maintenir l'ordre : la grande bousculade provoquée par les invasions doriennes met en mouvement toute la Méditerranée orientale. Ces « peuples de la mer » viennent battre les côtes égyptiennes. Un Palestinien parvient même, vers 1205, à s'emparer du trône pharaonique.

Le grand temple de Médinet Habou que Ramsès III édifia à Thèbes pour commémorer ses victoires.
Le portique bordant la deuxième cour du temple de Ramsès III à Médinet Habou, aux proportions trapues et au relief assez bâclé.

La restauration sera le fait du principal souverain de la XXe dynastie : Ramsès III. Celui-ci combat victorieusement sur tous les fronts et finit par stabiliser une situation de plus en plus menaçante. Ramsès III est non seulement un guerrier et un politique habile, mais aussi un pharaon constructeur. Il rouvre les grands chantiers, et bâtit en particulier le vaste temple royal de Médinet Habou.

MÉDINET HABOU, LA CITÉ DIVINE

Le beau complexe que constitue le temple de Médinet Habou illustre parfaitement, grâce à son remarquable état de conservation, l'idéal architectural du Nouvel Empire. Le plan révèle au premier coup d'œil la formule adoptée : celle-ci se fonde sur le principe des enceintes successives enserrant le sanctuaire.

De même que le roi défunt est protégé par plusieurs sarcophages – d'or, d'argent, de granit, de calcaire, puis de bois – s'encastrant eux mêmes dans des « chapelles » de bois doré étroitement adaptées pour tenir les unes dans les autres, à la manière de boîtes gigognes, le temple est entouré d'une série de remparts qui garantissent sa sécurité, sa paix, sa tranquillité, sa pureté. Ce système reproduit en outre, analogiquement, la structure du monde, selon la cosmologie égyptienne, avec ses chaînes de montagnes désertiques entourant la vallée fertile. À l'extérieur, le Grand Océan Circulaire n'est que l'ultime « enceinte », la douve de ce système de défense.

À Médinet Habou, le pharaon massacre ses prisonniers.
On peut comptabiliser, sur ce bas-relief, les ennemis morts et ainsi que les captifs.

Muraille de Médinet Habou.

La muraille latérale du temple de Médinet Habou, avec, au premier plan, les bases des murs du palais d'apparition du roi. Au fond, les falaises de la montagne thébaine.

Comment le temple royal de Ramsès III traduit-il ce concept dans le langage architectural ? Il faut signaler en premier lieu que les bâtiments sont en liaison – par un canal et un « port » doté d'appontements et de quais qu'exige le rituel – avec les eaux du Nil, quelle que soit la distance du fleuve. Un premier muret de brique crue ceint le terrain consacré. À dix mètres vers l'intérieur se dresse l'énorme muraille, haute de 18 mètres, épaisse de 10 qui court sur 320 mètres de longueur et 220 mètres de largeur environ, soit un pourtour de plus, d'un kilomètre. Deux portes fortifiées s'ouvrent, l'une à l'est, et l'autre à l'ouest. Une troisième enceinte, nettement plus basse, enferme les habitations des prêtres, de l'administration et des gardes. Puis vient une nouvelle muraille rectangulaire fortifiée en brique crue, qui s'appuie sur le pylône du temple. Elle enclôt un espace de 170 mètres sur 130, dans lequel se dressent le palais royal et les magasins.

C'est alors seulement que l'on découvre le puissant mur du temple proprement dit : entièrement construit en bel appareil de pierre, il est doté de fruit et surmonté d'une gorge égyptienne. Derrière le pylône large de 75 mètres, il forme un rectangle de 55 mètres sur 160. À l'intérieur, après deux grandes cours que sépare un second pylône, et à la suite d'une salle hypostyle, une nouvelle enceinte enferme le sanctuaire proprement dit, dans lequel un mur ultime enveloppe le saint des saints et son naos. Au tota,l on compte donc sept murailles successives qui ceignent la statue du dieu.

À Médinet Habou, ce caractère défensif de la « forteresse divine » – qui est peut-être plus accentué que jamais en raison de la situation de l'Égypte face à la montée des périls sur toutes ses frontières – correspond à une affirmation de la puissance pharaonique. Les bas-reliefs qui couvrent les murs des pylônes et des cours du temple ne font qu'exalter des victoires, montrer des prisonniers exécutés, des traîtres châtiés, langues et mains coupées, des triomphes où le pharaon lui-même, de sa massue, brise le crâne des captifs qu'il tient par les cheveux. La paisible Égypte de l'Ancien Empire s'est lentement muée en puissance despotique. Et sous les Ramessides, elle rivalise avec les plus violentes des nations du Proche-Orient. Il s'ensuivra un éclatement de la société, des révoltes locales et une progressive prise du pouvoir par le clergé d'Amon en Haute-Égypte, alors que la Basse-Égypte s'affirme indépendante avec la XXIe dynastie de Tanis.

La porte du temple de Médinet Habou.
À la ressemblance d'une tour de forteresse cananéenne, cette porte donne accès au temple de Médinet Hahou, et commémore une victoire égyptienne.

LES PALAIS ROYAUX

On vient d'évoquer les palais édifiés au sud de la première cour du Ramasséum et de Médinet Habou. En réalité, il ne s'agit ici que de petites constructions royales, attachées au rituel d'apparition. La véritable résidence des pharaons était infiniment plus vaste que ces « châteaux » ne dépassant pas 40 mètres de côté, dont on a retrouvé le plan, les encadrements de porte en calcaire et quelques éléments de décor.

Pour comprendre ce que représentaient les immenses palais de Thèbes ou de Memphis, voire de Pi Ramsès et des autres capitales égyptiennes, dont il n'est rien resté, il faut se référer à un exemple, qui, même s'il est marginal dans l'histoire pharaonique, n'en demeure pas moins éclairant : le palais d'Akhenaton dans sa ville de Tell el Amarna.

Les bâtiments officiels de ce que l'on nomme Palais nord de la cité d'Akhetaton s'inscrivent dans un vaste carré de 125 mètres de côté. Ce quadrilatère contient une cour à portique, flanquée à droite comme à gauche d'une paire de longues salles hypostyles comportant chacune trente-six colonnes (soit cent quarante-quatre colonnes en comptant les portiques).

Derrière cette cour s'ouvre la Grande Salle : c'est une salle hypostyle immense totalisant trois cent dix colonnes. Enfin vient la Salle du Trône, flanquée de deux salles hypostyles de cinquante-deux colonnes chacune. Cette seule partie totalise ainsi cinq cent quatre-vingt-quatre colonnes.

Outre ce palais destiné aux réceptions et solennités, il existait une résidence privée tout aussi vaste, avec ses appartements et ses magasins. On y accédait par un pont franchissant la principale avenue, d'où les souverains procédaient au rituel d'apparition. Ces complexes s'inscrivaient dans un urbanisme orthogonal dont seules de rares constructions venaient troubler l'ordonnance.

La polychromie architecturale à Thèbes.
Tant l'Allemand R. Lepsius, avec ses colonnes du Ramesséum, que les restitutions imaginées pour le « Mémnonium » de Thèbes par Jomard et les savants qui publièrent *Description de l'Égypte* (1809), en consignant les résultats de la mission de Bonaparte en 1798, s'efforcent de reproduire les couleurs originales des bâtiments pharaoniques. La reconstitution ci-contre porte le nom trop vague de Memnon qui s'appliquait alors aussi bien aux colosses d'Aménophis II qu'au temple de Séthi Ier à Abydos : elle a traité ici, au temple d'Hathor à Deir el Médineh qui date de l'époque ptolemaïque. Il s'agit d'une vue interne prouvant que le bâtiment avait alors conservé une bonne partie de sa polychromie

L'artisanat du bois au temps des Ramessides.
Détail d'une sculpture sur bois haute de 60 centimètres représentant le porte-enseigne Penbui. Cette pièce, qui provient de l'ancienne collection Drovetti, date de la XIXe dynastie. Œuvre d'une grande qualité, elle donne au visage encadré par les images de Ptah et d'Amon, un type très ramesside (Turin, Museo Egizio).

L'artisanat du bois au temps des Ramessides.
La tradition de la sculpture sur bois, inaugurée dès l'Ancien Empire, se perpétue tout au long de l'histoire égyptienne. Ce petit naos polychrome, avec ses deux colonnes hathoriques en façade, est décoré d'une barque funéraire. Il provient de Deir el Médineh et devait contenir une « idole » de culte domestique (Turin, Museo Egizio).

Enfin, un immense ensemble symétrique, fait de bâtiments et de jardins clos, de patios et de pièces d'eau s'étendant entre des péristyles et des salles à colonnes, formait le palais d'agrément. Dans l'un de ces nombreux quadrilatères, on retrouve le thème du bassin « pourtournant », avec son îlot central, probablement consacré à quelque rituel cosmologique, comme celui évoqué à propos de l'Osiréion d'Abydos.

Ainsi, couvrant quelque 5 ou 6 hectares, le « Versailles » des souverains égyptiens devait offrir un faste et un art de vivre qui n'ont pas survécu. L'édification en brique crue – probablement pour des raisons thermiques – de ces palais n'excluait nullement des parements en matériaux plus riches – calcaire blanc ou albâtre –, ni la présence de fresques ou de décors de faïence.

Le luxe principal devait, semble t-il au vu des peintures fragmentaires qui nous sont parvenues, résider dans les pièces d'eau, la végétation et les fleurs qui parsemaient ces constructions basses et aérées, à l'intérieur du traditionnel mur ceignant les jardins clos de l'Orient.

LA RENAISSANCE DE L'ARCHITECTURE SOUS LES PTOLÉMÉES

IX

À la fin du Nouvel Empire, après les règnes falots de Ramsès IV à Ramsès XI, l'Égypte se décompose une fois de plus. Elle entre dans la troisième période intermédiaire. Alors que la cité de Pi-Ramsès, édifiée à l'est du Delta, est anéantie, que la misère pousse le peuple à se révolter, le clergé d'Amon prend le pouvoir en Haute-Égypte. Dans le Delta, Smendès se proclame pharaon et fonde, vers 1085 avant J.-C., la XXIe dynastie régnant à Tanis. La vallée du Nil est à nouveau divisée en deux royaumes. La région de Thèbes ne retrouvera plus son éclat. En revanche, à Tanis, le règne de Psousennès Ier (1054) se caractérise par un lustre particulier, dont témoigne le trésor mis au jour dans sa tombe. La découverte, en 1939, de son masque d'or et de ses fastueux bijoux est due à la patience de l'égyptologue français Pierre Montet, dont les travaux sont interrompus par la guerre de 1940 à 1944, mais reprennent avec succès en 1945.
Une seconde tombe royale est découverte : celle de Chéchonq II, fils du fondateur de la XXIIe dynastie, dite libyenne. Les objets qui en proviennent montrent que l'Égypte, au lendemain de la prise de Jérusalem et du pillage du Temple de Salomon en 925, est encore en pleine possession de ses moyens artistiques, dans le domaine de l'orfèvrerie tout au moins. Car l'architecture, à en juger par le peu qui nous en est parvenu, n'est guère brillante dans Tanis où l'on se contente de dresser un énorme sanctuaire avec des matériaux empruntés aux temples des Ramessides. Il n'en demeure pas moins que Chéchonq Ier avait réalisé la réunification du pays.
Aux Xe et IXe siècles avant notre ère, l'Égypte maintient son rang, malgré l'importance croissante des prêtres dans le système étatique.
Mais au VIIIe siècle, la division est à nouveau consommée. Les Éthiopiens (les populations de l'actuel Soudan portent alors ce nom) profitent de la faiblesse des souverains égyptiens. Ils parviennent à annexer tout le pays des pharaons, fondant une seule entité territoriale de Méroé à Tanis. Ce sera la monarchie koushite (du pays de Koush en Haute-Nubie), qui forme un empire entre 715 et 664.
Alors monte du Moyen-Orient un péril mortel : l'invasion, en 671, des Assyriens. Assharraddon s'empare de Memphis. Après un sursaut des Éthiopiens, Assourbanipal occupe, en 667, la vallée entière.
La cité de Thèbes se soulève contre l'occupant et provoque le retour de l'Assyrien qui la punit en la livrant au pillage : temples et palais sont ravagés par la soldatesque. L'ancienne capitale, déchue, décline irrémédiablement au profit du Delta.
En 663, Psammétique Ier fonde à Memphis la capitale où réside la XXVIe dynastie, dite saïte. Remettant en vigueur la division administrative et religieuse du pays en *nomes*, réactivant le chantier du canal Méditerranée-mer Rouge, il rétablit la situation.
L'Égypte semble renaître de ses cendres. Les arts saïtes s'inspirent des modèles de l'Ancien Empire. Ce renouveau dure jusqu'en 550. Mais un autre danger apparaît à l'Est avec la puissance perse qui relaie l'Assyrie. Cambyse parvient à s'emparer de l'Égypte en 525, fondant la XXVIIe dynastie perse. Sur le trône des pharaons règnent nominalement Darius Ier, Xerxès et Artaxerxès. Une révolte, en 404, rend son indépendance au pays qui est gouverné par une brève XXVIIIe dynastie saïte. Puis une XXIXe dynastie de Mendès est rapidement suivie d'une XXXe dynastie,

dont Nectanébo est le souverain le plus connu. Il succombe en 32 sous l'assaut d'Artaxerxès III, dont les troupes emportent en Perse les statues des dieux etles livres sacrés de l'Égypte. Sous Darius III, la puissance perse s'effondre devant Alexandre le Macédonien et ses troupes grecques : victoire d'Issos en 333, sièges de Tyr, de Gaza et entrée dans le Delta en 332, suivis d'un « pèlerinage » à l'oasis d'Amon (Siwah) et de la fondation d'Alexandrie. Dès 305, l'Égypte est aux mains des Ptolémées qui fondent la dynastie des Lagides. Elle se maintiendra jusqu'en 30 avant J.-C., année où Octave s'empare d'Alexandrie. Désormais, le destin de l'Égypte est lié à celui du futur empire romain.

La présence des Ptolémées en Égypte donne naissance à une culture mixte égypto-grecque dans le Delta. En Haute-Égypte, la fiction des rois hellénistiques sur le trône des pharaons – pas plus que celle des empereurs romains – ne modifie le caractère autochtone de l'architecture qui voit le jour durant le demi-millénaire du superbe crépuscule égyptien. Aucune influence de l'art grec n'est perceptible dans les temples qu'érigent les prêtres des époques ptolémaïque et romaine.

En réalité, on peut s'étonner qu'après le règne des pharaons libyens et éthiopiens, après la soumission aux Assyriens et aux Perses, et malgré la présence des souverains gréco-macédoniens, puis romains, durant un laps de temps couvrant mille ans d'hégémonie étrangère presque ininterrompue, la vallée du Nil ait pu perpétuer ses formes et ses styles autochtones et qu'elle ait donné encore, tel un admirable chant du cygne, certains des plus parfaits exemples de son architecture.

L'art de la Basse Époque et les œuvres en bois polychrome.

Datant de la XXVIe dynastie (vers 600 avant J.-C.), cette stèle funéraire en bois peint provient des explorations de Drovetti à Thèbes (Turin, Museo Egizio).

Ombre et lumière dans le couloir mystérieux du temple d'Horus à Edfou.

Paradoxalement, jamais peut-être la perfection technique de l'architecture pharaonique ne fut plus grande que dans ces temples tardifs, édifiés entre le IIIe siècle avant J.-C. et le IIIe siècle après J.-C. Au fond, la chapelle dédiée au dieu Khonsou, personnifiant la lune. À l'époque de la domination grecque, les dieux égyptiens défilent toujours en longues théories. Aux murs, les cartouches de Ptolémée III Évergète, qui règne depuis 246 avant notre ère et met en chantier Ocet édifice en 237 avant J.-C.

LES GRANDS TEMPLES TARDIFS

Des constructions de l'époque saïte (VIIe et VIe siècles avant J.-C.) il ne reste guère que des stèles, des reliefs et de la statuaire. Les matériaux de certains temples de la Basse-Égypte construits en calcaire ont servi à ériger les constructions des Grecs d'Alexandrie. Par la suite, nombre de ces sanctuaires ont été anéantis par les chaufourniers arabes qui produisaient du mortier de chaux. De l'époque perse (524-404), les vestiges du temple d'Hibis (oasis de Khargeh) montrent que l'on s'achemine vers le style qui s'affirmera sous les Ptolémées.

Les trois siècles de la dynastie lagide (fondée par Ptolémée, fils de Lagos) valent à la Haute-Égypte un certain répit, après trop d'événements dramatiques. Seuls quelques soulèvements des paysans qui se révoltent contre les charges excessives des impôts entrecoupent les campagnes de construction durant lesquelles vont surgir d'immenses temples. L'art ptolémaïque s'est ainsi exprimé dans une centaine de sites.

Les cinq plus vastes ensembles sacrés qui ont subsisté jusqu'à nos jours, pour la plupart dans un état remarquable de conservation, sont : Edfou, Dendéra,

Jaillissement à dix-sept mètres de hauteur des puissantes colonnes hathoriques de Dendéra.

Elles soutiennent les architraves et les dalles de couverture où foisonnent les bas-reliefs. On y lit les grandes processions des dieux et des déesses dans leurs barques, en même temps que les mystères de l'astronomie sacrée figurant le ciel.

Kom Ombo, Esna et Philae. Certains ont été construits ou achevés durant la période romaine. La belle salle hypostyle d'Esna en particulier, est entièrement édifiée durant notre ère.

Il n'en demeure pas moins que ces sanctuaires sont érigés en l'honneur de souverains dont les noms, qui figurent en hiéroglyphes dans des cartouches, sont grecs ou romains : Ptolémée, Cléopâtre, Néron, Trajan, Dèce. En faisant acte d'allégeance au pouvoir étranger, en maintenant la fiction du souverain divinisé, les prêtres de la Haute-Égypte non seulement obtenaient la liberté de perpétuer les rites de l'ancienne Égypte, mais conservaient le principe du pharaon-dieu qui avait régi toute la religion pharaonique et l'architecture sacrée dès 3000 avant J.-C.

Perfection de l'architecture égyptienne sous les Ptolémées.
Les hautes colonnes à chapiteau composite du portique précédant la salle hypostyle du temple d'Horus à Edfou. Un décor de divinités y est ciselé, devant lesquelles les souverains « macédoniens » rendent l'hommage de leurs offrandes.

Ce qu'il nous a été possible d'affirmer à propos d'un temple du Nouvel Empire comme Médinet Habou, construit par Ramsès III – son relatif bon état permettant de comprendre le projet du bâtisseur et le fonctionnement du sanctuaire –, est plus vrai encore pour une œuvre comme le grand temple d'Horus à Edfou. Là, ainsi qu'au temple d'Hathor à Dendéra, qui offre à peu près le même plan, on peut apprécier – les dalles de couverture étant conservées – les variations de la lumière exigées par le culte. On suit l'évolution qui s'opère tandis que l'on pénètre dans le sanctuaire, à partir du pronaos baigné de clarté, jusqu'au fond du saint des saints plongé dans les ténèbres. On y voit se créer une atmosphère initiatique propre au recueillement, destinée à exalter les mystères de la religion pharaonique.

On constate en outre la remarquable cohérence des options architecturales et la constante relation entre le décor, les inscriptions et le rituel des cérémonies qui se déroulaient dans chacune des parties du sanctuaire.

La parenté entre Edfou et Dendéra n'est pas fortuite : les deux bâtiments tiennent l'analogie de leurs plans d'une communauté de programme, Horus, le faucon solaire, fils d'Isis et d'Osiris, étant ici l'époux d'Hathor, la déesse de la beauté, de la joie et de l'amour, figurée par une vache céleste. Nombre de fêtes entraînaient des processions et navigations sur le Nil entre les deux sanctuaires. Lors de ces festivités, la statue du dieu de l'un de ces temples était emmenée « en visite » chez l'autre.

Le grand pylône du temple d'Horus à Edfou.

Mis en chantier sous Ptolémée IX, vers 110 avant J.-C., ce haut massif double, au milieu duquel s'ouvre la porte du temple, ne verra son décor achevé que sous Ptolémée XIII, vers 45 avant notre ère. Il s'élève à 36 mètres de hauteur – l'équivalent d'un immeuble actuel de douze étages – pour une largeur de 70 mètres. Les quatre rainures verticales servaient à fixer de grands mâts auxquels étaient attachées des oriflammes.

DONNÉES ARCHITECTURALES

Le grand temple d'Horus à Edfou se caractérise non seulement par son aspect intact du pylône et des murs qui le ceignent jusqu'au plus profond du naos, mais aussi par l'importance de ses dimensions.

Commencé en 237 avant notre ère et terminé cent quatre-vingts ans plus tard, il est de proportions gigantesques – surtout si l'on tient compte du fait que les fidèles n'avaient pas accès aux salles intérieures. Il mesure 137 mètres de long (autant que la cathédrale de Reims), 79 mètres de large, et son pylône se dresse à 36 mètres au-dessus du pavement de la cour.

Il couvre 7 000 mètres carrés et offre une succession complexe d'espaces très diversifiés. Les hauts murs qui le ceignent, dotés d'un fruit marqué, sont achevés par une gorge égyptienne qui en souligne le faîte, à 11 mètres de haut. Entre les deux massifs du pylône, l'énorme porte donne accès à une vaste cour entourée d'un portique de trente-deux colonnes disposées sur trois côtés, le quatrième étant rythmé par les six hauts fûts de la salle hypostyle formant le pronaos.

De part et d'autre de cette salle hypostyle, d'étroites failles entre la façade et le mur d'enceinte livrent passage à un couloir à ciel ouvert, encaissé entre deux hautes parois couvertes de scènes en bas-relief. C'est une sorte de chemin de ronde périphérique qui court entre la première et la seconde muraille du temple.

Horus à l'image du faucon céleste.
Devant la façade du temple d'Edfou se dresse la symbolique effigie du dieu sous la forme du rapace coiffé de la double couronne royale. Cette sculpture hiératique en granit atteste la vitalité du grand art pharaonique jusqu'en pleine époque ptolémaïque, à l'orée de notre ère.

La grande salle hypostyle, dont la corniche culmine à 16 mètres, présente en façade des murs-bahuts , formule qu'on avait déjà rencontrée, à une bien plus petite échelle, avec la Chapelle Blanche de Sésostris Ier à Karnak, remontant au Moyen Empire.
Cette salle compte dix-huit énormes fûts surmontés de chapiteaux tantôt palmiformes, tantôt floraux et épanouis de type composite (plus complexes que ceux du Nouvel Empire).

Derrière elle, une seconde salle hypostyle, plus basse et moins large, offre un espace obscur dans lequel se dressent douze colonnes formant quatre travées. De cet espace, qu'éclairent des trous carrés ménagés dans les dalles de couverture, émane une impression de profonde piété, en même temps qu'un climat presque dramatique. En effet, ces ouvertures jouent le rôle de véritables « canons à lumière » d'où jaillissent des faisceaux de clarté solaire trouant les ténèbres.

Pénétrant plus avant, on découvre le vestibule, ou Salle des Offrandes, d'où partent à droite des escaliers sombres qui permettent de gagner la toiture du bâtiment, alors qu'à gauche se trouve un autre escalier, qui redescend de la terrasse dans le temple. Le sens de la circulation est d'ailleurs indiqué par les reliefs : on voit prêtres et dieux gravir les marches dans l'escalier de droite, qui monte par paliers selon une progression hélicoïdale de plan carré. Dans l'autre escalier, qui est rectiligne, la procession s'engouffre, à partir du toit pour descendre les degrés comme dans un hypogée. Ces escaliers servaient au rituel du Nouvel An, lorsque les prêtres emmenaient les statues divines au soleil, pour que le rite de l'union au Disque leur rende vigueur et efficacité.

À partir de l'espace suivant, baptisé Salle des Dieux Associés, on pénètre dans un système complexe formé de chapelles périphériques auxquelles donne accès le Couloir Mystérieux. Ce couloir, comme celui qui courait à ciel ouvert, ceint le sanctuaire proprement dit. Cette fois-ci, pourtant, il s'agit d'une circulation interne, sous la pesante couverture des dalles, dans une parcimonieuse clarté.

Les première et seconde salles hypostyles d'Edfou.
Alors que règne encore une certaine clarté dans la première salle du temple d'Horus, avec ses dix-huit grandes colonnes soutenant les dalles de couverture disposées à 15 mètres au-dessus du pavement, l'obscurité se fait dans la seconde salle hypostyle. La nuit n'est atténuée que par de ponctuelles entrées de lumière. Sur toutes les surfaces – parois ou fûts de colonnes –, le foisonnement des reliefs anime cette architecture de rigueur et de paisible puissance, favorable au recueillement du clergé.

La science de l'éclairage dans les sanctuaires tardifs.

Les temples ptolémaïques et romains de l'Égypte pharaonique ont souvent conservé leur couverture : ils permettent de mesurer l'attention portée par les architectes aux problèmes de maîtrise de la lumière. Dans le temple de Dendéra, le cœur du sanctuaire est ceint par le couloir mystérieux. Des « canons à lumière » l'éclairent : ces ouvertures tantôt verticales tantôt horizontales, plus ou moins ébrasées, créent des jours frisant sur les plafonds couverts d'étoiles ou sur les volumes construits.

La science de l'éclairage dans les sanctuaires tardifs.
Le temple d'Edfou vu du fond du saint des saints, avec la perspective des salles jalonnées de portes successives. Au premier plan, l'autel où les officiants déposaient les offrandes. À droite, luisant dans la pénombre, le tore d'angle du naos de granit noir de Nectanébo II, datant de 350 avant J.-C.

Au centre se dresse, comme une nouvelle enceinte, dotée, elle aussi, de fruit et de tores d'angles, une construction autonome : à l'intérieur de ce périmètre sacré est enfermé le saint des saints. C'est dans cette ultime enveloppe que se trouve le naos de granit poli, réceptacle de la statue en or du dieu.

Désormais, plus aucune fenêtre ne donne de jour dans ce lieu vénérable. Il est probable qu'un baldaquin de bois doré se dressait, comme une protection supplémentaire, au-dessus du naos.

Devant ce « tabernacle », un reposoir recevait la barque que les prêtres promenaient en procession comme un palanquin sur leurs épaules à l'aide de portereaux. À l'intérieur de la cabine de cette maquette de bateau se trouvait la statue de la divinité, qui, lors de certaines fêtes, était emmenée dans d'autres sanctuaires.

Toutes ces salles et chacun de ces seuils étaient jadis pourvus de lourdes portes de bois revêtues de bronze ou d'argent. On ne les ouvrait que les jours de grandes cérémonies. Le service du temple – libations, sacrifices et hymnes du matin, de midi et du soir – était assuré par des circulations secondaires, ménagées au moyen de petites portes et d'étroits passages où l'on circulait dans l'épaisseur des murs.

PRINCIPES D'ARCHITECTURE

Durant la progression dans le temple, le visiteur constate que le sol ne cesse de s'exhausser, chaque salle étant précédée d'un ou deux degrés ; de même, il remarque que les plafonds s'abaissent et que la lumière se raréfie, au point de se muer en ténèbres presque impénétrables dans les chapelles entourant la cella. Quant aux cryptes disposées dans l'épaisseur des murs, où étaient resserrés les précieux instruments du culte, elles sont plongées dans la nuit la plus complète.

Un autre phénomène concerne les murailles (observation déjà faite à propos des temples ramessides) : le bâtiment est formé d'une série d'enveloppes disposées les unes dans les autres à la manière de boîtes gigognes, comme pour mieux défendre l'idole des contacts extérieurs. Or, la face externe de chacune de ces enveloppes est dotée de fruit, couronnée d'une gorge égyptienne et soulignée dans les angles par des tores en forme de boudins qui en renforcent visuellement la vigueur plastique. Cet aspect de « blockhaus » (J.-L. de Cénival) fait du temple pharaonique une véritable forteresse divine.

Toute cette architecture se caractérise enfin par une qualité remarquable de l'appareil et de la taille des blocs. Nulle part on ne constate ni la hâte ni les négligences qui, parfois, entachaient les grands chantiers des Ramessides. On n'a jamais l'impression, dans les temples ptolémaïques, que la volonté de construire vite et de façon colossale a conduit à bâcler certains travaux, à laisser inachevée une liaison, à se contenter de fondations médiocres. Au contraire, durant les derniers siècles de l'art des bâtisseurs égyptiens, le soin et la maîtrise témoignent du désir de résumer la quintessence d'une architecture qui serait déjà comme figée dans l'éternité.

LE DOMAINE DU TEMPLE

On se gardera d'oublier que le temple n'est que le centre d'un vaste domaine qui vit en parfaite autarcie. Outre les grandes propriétés agricoles qui lui appartiennent, sur lesquelles travaillent les habitants de nombreux villages, on mentionnera le lac sacré – vaste bassin rectangulaire dont subsiste un bel exemple à Dendéra – destiné aux ablutions, le nilomètre, ou puits permettant de mesurer la crue du Nil, laquelle fournissait la base du calcul de l'impôt, ainsi que divers bâtiments annexes. Pour suppléer les carences de fouilles autour de certains temples ptolémaïques, mentionnons l'existence de tout un ensemble de communs ou de bâtiments utilitaires : étables et abattoirs pour les victimes sacrificielles, oisellerie, boulangeries et cuisines pour les offrandes. Enfin des magasins pour toutes les denrées nécessaires au service divin, sans oublier les logements des prêtres et du haut clergé.

À l'intérieur du périmètre du temple, on discerne surtout un sanctuaire particulier dont on a évoqué la fonction : le kiosque solaire édifié sur la toiture du bâtiment et destiné au rituel de l'irradiation des statues divines. Il est parfois accompagne d'une chapelle astronomique, comme celle qui contient le zodiaque de Dendéra. Devant le temple se dresse le mammisi, ou Maison de naissance du pharaon-dieu, petit sanctuaire destiné à un rituel dédié au culte du souverain divinisé.

De plus, nombre d'espaces faisant partie du temple possèdent des fonctions particulières : salle du trésor, bibliothèques où étaient réunis les textes théologiques, cosmologiques et mythologiques, laboratoire des parfums et des fumigations, sacristie, ou chambre des vêtements, salle de vêture, dite « lieu pur », et diverses chapelles dédiées à des divinités apparentées ou complémentaires.

Bref, le temple était une « cité du dieu », une véritable ville dans la ville des commerçants et des artisans, des fonctionnaires, des bateliers, des artistes, des grands propriétaires et des membres de la garnison. Et de même qu'il existait une administration royale qui percevait les impôts, on trouvait en parallèle une seconde administration soumise à l'autorité religieuse, qui pourvoyait aux besoins du clergé et à la construction des temples. Son importance était considérable, compte tenu de l'ampleur des travaux exécutés par architectes, carriers, maçons, sculpteurs et peintres.

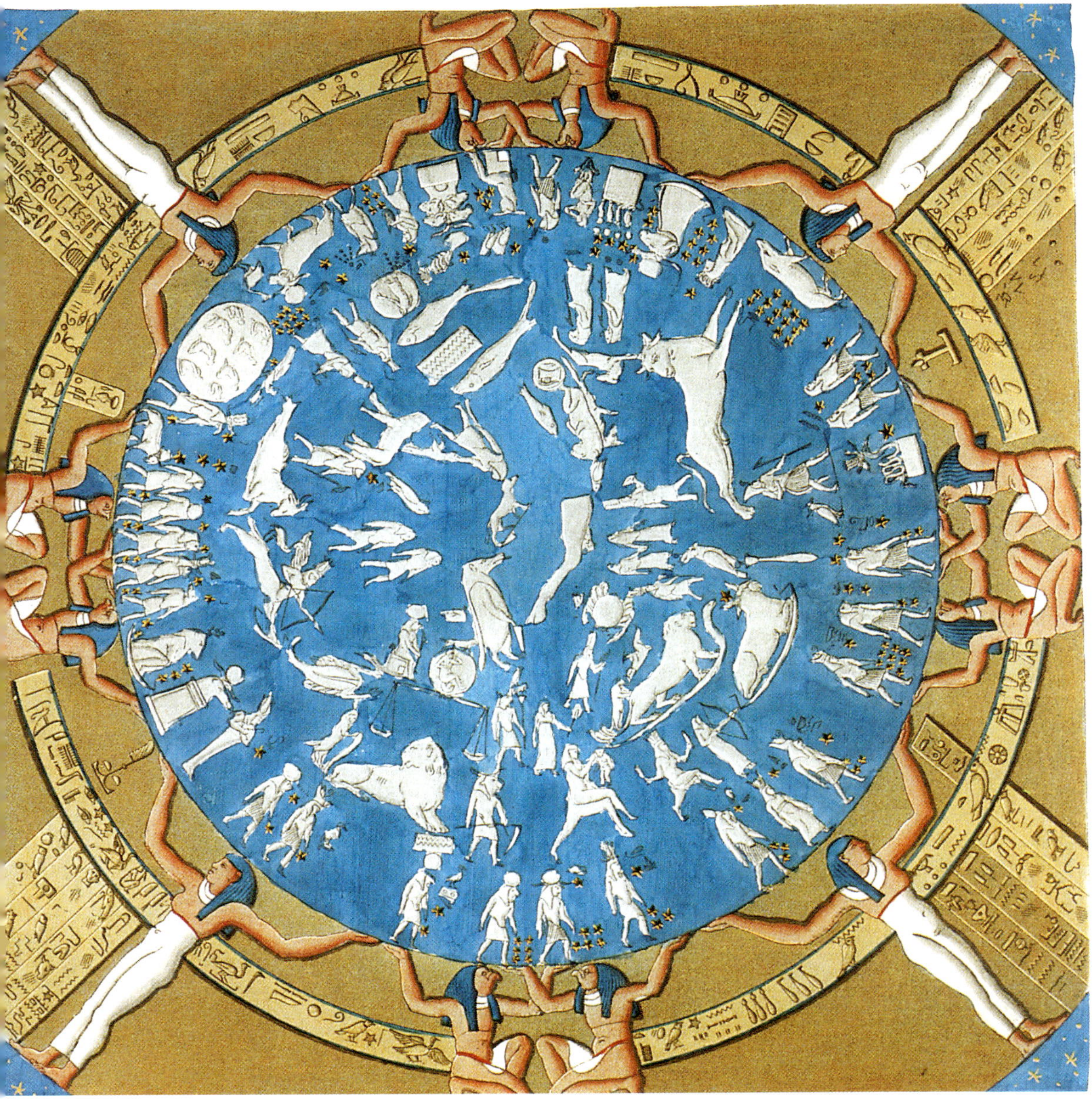

Zodiaque du temple d'Hahor à Dendéra par Domenico Valeriano.

Domenico Valeriano s'inspire, pour l'ouvrage de Girolamo Segato publié à Florence en 1835, des dessins de Vivant Denon, membre de la Campagne d'Égypte en 1798. Les belles illustrations en couleur du temple de Dendéra retrouvent la polychromie de l'édifice.
C'est le cas pour le zodiaque du plafond astronomique – dont l'original se trouve aujourd'hui au musée du Louvre –, dalle qui couvrait la chapelle du Nouvel-An sur la terrasse du temple d'Hathor.

LE TEMPLE DE PHILAE, OU LES DERNIERS FEUX DE L'ART ÉGYPTIEN

X

À l'époque de la domination romaine, alors que se répand la religion chrétienne, les campagnes de construction ne faiblissent pas dans la Haute-Égypte. On complète et achève des monuments – comme Dendéra, Kom Ombo ou Philae –, et surtout on met la dernière main à l'énorme temple d'Esna, dont il ne subsiste aujourd'hui que la grande salle hypostyle, intacte.

Le grand temple d'Isis, à Philae, remonté sur l'îlot d'Agilkia.
Entre les deux pylônes du temple – dont chaque pierre a retrouvé sa place sur le nouveau site choisi en 1972 pour le sauvetage des monuments de Nubie – se trouve une grande cour bordée à l'ouest par un mammisi, ou Maison de naissance royale. C'est là que l'on jouait le mystère de la genèse divine du souverain. Ses colonnes hathoriques se composent d'une large corbeille florale que surmonte le dé formé par le visage de la déesse Hathor et l'emblème du sistre.

L' ART PTOLÉMAÏQUE
SOUS LA DOMINATION ROMAINE

L'art ptolémaïque, dont le style se perpétue à l'époque romaine, n'est pas stéréotypé. Chaque temple érigé durant ces quatre à cinq siècles présente des particularités, montre des variations intéressantes. Ainsi, contrairement à Edfou, la salle hypostyle de Dendéra, construite sous Caligula et Claude, ne possède pas de colonnes « classiques », mais d'énormes fûts hathoriques : les supports cylindriques, sans galbe, sont surmontés d'un chapiteau comportant sur chacun de ses quatre côtés le visage immense d'Hathor, la belle déesse aux traits féminins. Ces sculptures, hélas, ont été martelées lors de la fièvre iconoclaste des premiers chrétiens. Surmontant ces faces – qui n'ont conservé de la vache emblématique que les oreilles du ruminant –, de gros dés représentent le sistre, instrument de musique que l'on agitait dans le temple durant les danses exécutées lors des cérémonies offertes à la déesse de la joie.

Auparavant, dans la deuxième salle hypostyle de Dendéra, qui précédait de peu le début de notre ère, on avait déjà fait usage de colonnes hathoriques. Mais la formule était moins heureuse : un chapiteau floral de type composite soutenait les quatre visages de la déesse, que surmontait le dé en forme de sistre. Cette superposition, sur un fût, d'un chapiteau comprenant trois niveaux distincts, aboutissait à une création « baroque » et disgracieuse. En effet, la hauteur de ce couronnement, avec l'architrave, égalait celle du fût de la colonne.

Ici, les prêtres avaient donné la préférence à l'énoncé théologico-symbolique, sans se préoccuper de lui conférer une formulation architecturale cohérente. Aussi était il normal qu'ils améliorassent la formule lors de la construction de la grande salle hypostyle, postérieure d'un siècle.

L'activité des artistes s'arrête en pleine réalisation de chefs-d'œuvre.
La fin de l'architecture et de l'art égyptiens n'est pas marquée par une lente agonie accompagnée d'un dépérissement. C'est un collapsus subit et foudroyant. À Dendéra, le superbe mammisi d'époque romaine relate la naissance divine et l'allaitement de l'enfant royal. Ces grandes scènes sculptées entre 100 et 140 sur les murs-bahuts ont-elles trait à l'enfance mythique de Trajan, d'Hadrien ou d'Antonin ? Une chose est sûre : elles n'offrent nullement l'aspect d'une décadence, mais au contraire d'une affirmation vigoureuse, luttant contre la montée des religions nouvelles.

Variété des colonnes durant la Basse Époque.

Au temps d'Auguste et de Tibère, les supports se diversifient, comme le montre le grand portique occidental bordant l'île de Philae, avec ses fûts à chapiteaux composites et double socle.

Splendeur du temple d'Isis à Philae.

Malgré la période tardive de sa réalisation, l'ensemble insulaire de Philae, né au temps des occupants gréco-romains, possède une réelle beauté. On le constate tant avec ce chapiteau hathorique, où le visage de la déeese émerge d'un bouton de lotus, que dans les structures architecturales.

Rappelons que le temple de Dendéra n'avait jamais eu de pylône et qu'il a perdu son haut mur de pierre, dont les blocs furent remployés pour une église copte voisine. À l'intérieur de son enceinte de brique crue (qui mesure 260 mètres sur 280), on compte plusieurs édifices annexes : un mammisi romain, un mammisi de Nectanébo et un petit temple de la naissance d'Isis, sans omettre un sanatorium, créé pour répondre aux vœux des pèlerins désireux de recevoir les influx bénéfiques de la déesse Hathor, à laquelle ils prêtaient des vertus guérisseuses.

Autre exemple des conceptions particulières à chaque temple : le sanctuaire de Kom Ombo, dédié à Sobek, le dieu crocodile, et à Horus l'Ancien, qui couronne un promontoire en avancée sur le Nil. Pour satisfaire au culte de ces deux divinités distinctes, le temple est dédoublé symétriquement. Il présente deux axes de pénétration parallèles aboutissant à deux cellas distinctes. La Salle de l'Ennéade qui les précède leur est commune.

Cet édifice, dominant un site magnifique, fut mis en chantier au début du IIe siècle avant J.-C. Sa première salle hypostyle remonte à 164, et sa cour à Tibère. Le sanctuaire fut décoré jusqu'au temps de Vespasien, et les chapelles du chevet furent gravées sous Macrin (217 après J.-C.). La qualité du décor des parties les plus anciennes est souvent admirable, ce que l'absence des murs (détruits comme au Ramesséum) met en valeur en laissant la lumière pénétrer au cœur des salles. Elle en caresse les colonnes et les belles déesses, ainsi que les parois intérieures ornées de reliefs en champlevé.

Il faut évoquer encore le cas du temple d'Isis, à Philae, au sud d'Assouan, qui a été déplacé entre 1972 et 1980 lors d'une vaste entreprise internationale de sauvetage. Le sanctuaire, situé sur un îlot granitique au-dessus de la première cataracte, fut démonté pierre à pierre et remonté à l'identique sur une île voisine, hors d'atteinte des flots.

Ce célèbre sanctuaire fut construit dès Ptolémée II Philadelphe (285-246), et décoré pour l'essentiel au temps de Ptolémée XII Néos Dionysos (80-61 avant J.-C.). Il s'agit d'un vaste complexe irrégulier comprenant une grande colonnade d'entrée, deux pylônes entre lesquels le superbe mammisi achevé sous Tibère déploie ses portiques à colonnes hathoriques, et, enfin, une fine salle hypostyle, sans oublier le magnifique kiosque de Trajan.

C'est dans ce centre du culte d'Isis, la déesse salvatrice, que subsistèrent les ultimes survivances de la religion pharaonique. C'est là, enserrés entre les déserts et défendus par les flots du Nil, que se maintinrent les derniers prêtres qui savaient lire les hiéroglyphes et écrire le démotique. C'est là enfin que, sur ordre de Justinien, s'éteignit, vers 550 de notre ère, une civilisation ayant produit des chefs-d'œuvre depuis près de quatre millénaires, et qui avait bâti pendant trente siècles des monuments admirables.

ΕΠΙ
ΟΔ
ΤΟΥ
ΤΙΜ
ΡΙΤΟ
ΤΕΝΤ
ΚΥΡΙΑ
ΤΑΣ
ΝΟΥ

LE DÉCOR ET LES INSCRIPTIONS

Certes, les derniers exemples du décor des temples qui furent ciselés en bas-relief n'ont plus la pureté de ceux de l'Ancien Empire, à Saqqarah, ou de Séthi Ier, à Abydos. Certes, les hiéroglyphes se sont parfois empâtés. Mais le grand livre de pierre que sont les temples ptolémaïques et romains de Haute-Égypte offre une sublime efflorescence de l'art. Plus que jamais, le sanctuaire devient la mémoire de tout un peuple, la somme de son savoir et l'expression de son sens du beau.

Les grandes scènes mythologiques qui couvrent les murs d'Edfou, de Dendéra et de Philae tempèrent le hiératisme « classique » par une touche de sensualité : les belles déesses, enserrées dans leur robe fourreau, la silhouette allongée et fine, la poitrine altière, le profil émouvant, portent la marque d'une humanisation, d'une miséricorde. La douceur des divinités de salut atteste l'émergence d'une spiritualité de compassion et d'amour. Une profonde piété s'exprime à travers ces dieux de la dernière Égypte.

Dans les ultimes bâtiments sacrés qui furent érigés en Égypte, le bas-relief devient omniprésent. Chaque mur, chaque colonne, chaque linteau, chaque dalle de couverture s'orne d'une multitude de sculptures traitées tantôt en creux, tantôt en champlevé.

Toute une mythologie, avec ses personnages et ses signes magiques, tout un bestiaire s'animent sur ces murs. Ce décor envahissant était polychrome : les grands blocs de grès sculptés avaient été peints sur une fine couche de stuc. Les couleurs devaient éclater dans les salles hypostyles puis se noyer dans l'ombre des chapelles. Enfin, le sanctuaire lui-même – la « Salle de l'Electrum » – était entièrement couvert de reliefs d'or.

Partout, on est frappé par l'harmonieuse conjonction entre les hiéroglyphes et les figures. Les processions, les scènes d'offrandes, les registres superposés de souverains sacrifiant aux dieux, les plafonds et leurs champs d'étoiles ou leurs zodiaques, les embrasures des « canons à lumière » où apparaissent tantôt le faucon Horus, tantôt Osiris sur son lit funèbre, les cryptes où dorment d'admirables divinités occultées dans les ténèbres, tout cela contribue à faire du temple le grimoire secret dont il fallait lire les inscriptions. Car chaque sanctuaire compte des milliers de pages d'écrits consignés dans une graphie hiéroglyphique de plus en plus complexe – elle compte alors deux mille signes, aulieu des quatre cents utilisés au Nouvel Empire, par exemple – qui nécessite l'intervention des spécialistes du déchiffrement.

Décorant le premier pylône du temple de Philae, la silhouette de la belle Hathor, sculptée au temps de Néos Dionysos (vers 80 avant J.-C.).

Signe des temps, cette déesse trop sensuelle fut occultée par les coptes au moyen de plâtre, lorsque le sanctuaire de Philae fut transformé en église. Puis les moines y gravèrent des textes chrétiens. Des bribes de ces inscriptions en caractères grecs sont lisibles sur le plat du relief. Mais, pour l'essentiel, le corps de la déesse, ressuscité lorsque le plâtre se détacha du mur, s'exhibe à nouveau en pleine lumière. Seul le visage avait été martelé.

Le temple de Philae occupe une place importante dans la *Description de l'Égypte*

Les savants de la mission scientifique de Bonaparte ont été frappés par la polychromie qui subsistait alors dans cet édifice. En 1800, la salle hypostyle offrait encore de superbes teintes – avant que les eaux du premier barrage d'Assouan, achevé en 1902, ne noient périodiquement le temple.

UN « GUIDE » DU CLERGÉ OFFICIANT DANS LE TEMPLE

L'intérêt de ce décor – texte et images – réside dans le fait qu'il constitue un véritable programme des cultes, un commentaire de chaque phase du rituel qui se déroulait à l'endroit précis où les bas-reliefs et les hiéroglyphes étaient visibles pour les officiants. C'est un « manuel des cérémonies », avec le rappel non seulement des paroles à prononcer, mais aussi des déplacements, voire des danses que doit accomplir le corps sacerdotal lors des grandes fêtes au son des instruments.

Ainsi, dans la vaste salle hypostyle d'Esna, étudiée par Serge Sauneron, on trouve les indications suivantes : « Dire : Jour d'allégresse les dieux sont en fête, les hommes sont dans la joie, car l'inondation est là. » Le texte ajoute : « Danser en l'honneur du dieu par le fils de Râ, Pharaon vivant à jamais. » Et les reliefs figurent Trajan dansant. De même, pour le rituel de l'union au Disque, les textes rapportent les gestes à faire, les hymnes à prononcer : « Se purifier. Prendre garde à ne pas commettre tel acte. » Le texte ajoute : « Revenir dans la première salle hypostyle. S'unir au Disque, puis faire halte dans la salle d'apparition. » Chaque mouvement est donc consigné, sans laisser place à l'improvisation. Suivent les formules accompagnant les offrandes de papyrus, de parfums de lotus, etc. Et le culte exige de « lire les vieux écrits », ce qui implique l'existence d'un « bréviaire » vétilleux et immémorial auquel on se conforme.

Ce qui frappe dans les grandes hymnes dont les strophes courent sur les colonnes du temple, c'est le profond lyrisme de ces écrits au souffle cosmique. Ainsi, l'hymne à Isis donne toute la mesure de cette littérature sacrée de l'Égypte du crépuscule :

Grande déesse, mère du dieu, Isis, source de vie,
Toi qui règnes sur Philae, et sur le secteur interdit,
Souveraine des îles, déesse endeuillée qui reconstitue le corps de ton frère Osiris,
Grande et puissante souveraine des dieux, dont les déesses exaltent le nom,
Magicienne bienfaisante qui chasse le démon par les paroles de tes lèvres.
Puissante déesse, à qui la puissance est soumise.
Grande dans le ciel et régente des astres, qui donne sa place à chaque étoile,
Isis, source de vie, reine de Philae, et reine des déserts du Sud

(traduction S. Sauneron).

Pour que le temple lui-même recommence à vivre sous les yeux des visiteurs, il fallait que ces grands textes soient traduits, qu'ils recouvrent la parole. Ainsi, cette architecture millénaire retrouve sa pleine signification et sa destination sacrée. Sans cette fonction supérieure, les bâtiments ne seraient qu'amoncellements inertes de matériaux. Seule leur affectation, soulignée par les inscriptions, en fait des espaces vivants, animés par des rythmes subtils et illuminés par le rayonnement d'une pensée qui les transfigure.

CONCLUSION

À la fin de cette trajectoire retraçant les grandes lignes de l'architecture égyptienne, qui fit des pharaons bâtisseurs les auteurs de chefs-d'œuvre exceptionnels il est temps d'esquisser un bilan.

S'accumulant pendant trois mille ans, au gré des règnes et des dynasties, mais aussi disparaissant, détruits par le temps et les hommes, les monuments de la vallée du Nil constituent un patrimoine qui peut passer pour une référence absolue.

On a dit que cette architecture véritable synthèse des arts – qui ne peut se comprendre sans la sculpture, le bas-relief, la peinture, ni les cérémonies qui s'y déroulaient, avec processions, offrandes, musique, danses fumigations et hymnes –, était incomparable. Et de fait, on ne voit quel art lui opposer pour la grandeur, la multitude des exemples et l'unité stylistique : ni la Mésopotamie, qui a construit l'essentiel de ses bâtiments en brique et dont il ne subsiste que de maigres vestiges, ni les productions beaucoup plus tardives de l'Inde médiévale, ni même les sanctuaires mégalithiques des Incas au XVe siècle, ne comptant qu'une demi-douzaine de sites, ni la Grèce classique, aux structures fluettes au regard des salle hypostyles pharaoniques... Seule, peut-être, Rome, dans un tout autre registre, ou l'art religieux romano-gothique – par des voies diamétralement opposées – forment un contrepoids tardif à la prééminence égyptienne.

En réalité, nombre de cultures puiseront en Égypte des formules ou des concepts précis : la Perse achéménide et ses portes à gorge égyptienne, la Grèce et ses colonnes cannelées, Rome et ses salles basilicales, etc. Qu'est-ce donc qui vaut à cette architecture cette place fondamentale dans le concert des arts de l'humanité ? À l'examen, deux raisons principales expliquent cette primauté de fait : d'une part la dimension spirituelle de cet art, et de l'autre sa perfection matérielle.

Du point de vue de la conception, l'architecture pharaonique frappe par son dépouillement, par la clarté du plan et la lisibilité des volumes. Cette force d'évidence, elle la tient de la pureté des formes qu'elle organise avec rigueur, quelle énonce géométriquement : pyramide faite d'un carré et de triangles égaux, mastabas à faces trapézoïdales, piliers parallélépipédiques ou colonnes à fût cylindrique. Car cette géométrie de l'angle droit des corps simples, est celle qui traduit la volonté de saisir dans la matière la spiritualité le moment d'éternité. C'est en définissant l'aspect géométrique des choses qu'on en prend possession, intellectuellement parlant. À ce titre, l'architecture pharaonique pousse à ses conséquences ultimes l'énoncé de ses monuments : quoi de plus pur qu'une pyramide ?

Le besoin d'orthogonalité s'affirme jusque dans les savantes liturgies et les hymnes cosmologiques consignées en hiéroglyphes sur les murs du temple.

S'adressant au dieu créateur Khnoum – potier qui fit naître le monde sur son tour –, le prêtre-poète d'Esna exprime des vœux au nom du jeune souverain en insistant sur le système rigoureux qui régit l'univers :

Qu'il te donne le Sud jusqu'aux limites du vent,
le Nord jusqu'à la mer,
l'Est jusqu'où se lève le Soleil,
et l'Ouest jusqu'au lieu où il se couche.
Qu'il vienne comme l'inondation
pour alimenter les deux pays,
pour donner vie à tous les êtres.
Qu'il te donne les produits de toutes régions
qu'embrasse le soleil entre ses quatre supports.
(Traduction S. Sauneron.)

Cette structure nord-sud/est-ouest et ces quatre supports qui font de la Terre un temple, avec ses piliers d'angle, répondent à l'image cosmique que traduit l'architecture. Car le sanctuaire, avec ses allusions végétales sans cesse répétées, ses colonnes palmiers ou ses chapiteaux à corbeilles florales, ses soubassements où court une plinthe figurant le lotus du marais primordial dont a surgi le monde, n'est-il pas conçu également à l'image du monde et du ciel, avec ses plafonds étoilés, ses linteaux gravés de constellations, sa chapelle zodiacale ?

Cette spiritualité que traduit le bâtiment éclate aussi dans certains procédés de construction : parfois, en fouillant les fondations d'un édifice, les archéologues découvrent un bloc provenant d'un temple plus ancien. Ce remploi a été soigneusement disposé sous l'angle d'un mur. Il provient d'une partie identique du sanctuaire antérieur, ainsi que l'attestent les signes de l'inscription qui subsiste sur l'une de ses faces. À l'évidence, ce bloc avait pour fonction, aux yeux des Égyptiens, de former la « graine » qui allait germer dans la nouvelle construction ; elle assurait ainsi une continuité dans le processus de constant renouvellement et de régénérescence des dieux et de leurs sanctuaires, visant à la perpétuation de l'univers.

Cette charge mystique qui anime l'architecture égyptienne, dans un système religieux de type magique, le bâtiment l'exprime dans des matériaux purs, parfaitement maîtrisés, taillés avec une incroyable précision, ajustés comme un gigantesque puzzle : granite, grès, calcaire, schiste trouvent leur place dans un jeu de construction qui associe à la matière les dimensions immatérielles de l'espace, de la lumière, de l'orientation, de la symbolique.

Tel est le message de cette architecture des pharaons.

Chronologie

PRÉHISTOIRE

Néolithique / vers 5500

- Agriculture dans la vallée du Nil, premières manifestations de l'art.

Chalcolithique / 3500

- Nagada : outillage de cuivre en Basse-Égypte.

PÉRIODE PRÉDYNASTIQUE

3200

- Monarchie de Bouton en Basse-Égypte.

PREMIÈRES DYNASTIES

3000

- Menès unifie le Delta et la Haute-Égypte : capitale Memphis.
- Période thinite : Ire et IIe dynasties, rois originaires de This, près d'Abydos.

2800

- Djezer fonde la IIIe dynastie à M emphis.
- Imhotep, architecte de Djezer : première pyramide à Saqqarah.

ANCIEN EMPIRE

2720

- Snéfrou fonde la IVe dynastie à Meidoum, pyramide de Meidoum et les deux pyramides de Dashour.

2690

- Khéops : grande pyramide de Guizeh et barques royales.

2660

- Khéphren : deuxième pyramide de Guizeh, grand Sphinx.

2600

- Mykérinus : troisième pyramide de Guizeh.

2560

- Ouserkaf fonde la Ve dynastie.
- *Textes des Pyramides*.

2420

- Téti fonde la VIe dynastie.

2330

- Règne de Pépi II durant plus de quatre-vingt-dix ans.

Ire PÉRIODE INTERMÉDIAIRE

2240

- Révolution et désordres généralisés.

2200

- Pillage des pyramides et tombeaux de l'Ancien Empire. VIIe-Xe dynasties memphites.

MOYEN EMPIRE

2050

- Réunification et restauration par Mentouhotep Ier. Il fonde la XIe dynastie : capitale à Thèbes, en Haute-Égypte.
- Temple funéraire de Deir el Bahari.

2000

- XIIe dynastie : capitale Licht, en Basse-Égypte.

1970

- Sésostris Ier, Chapelle Blanche à Karnak.

1785

- Fin de la XIIe dynastie.

IIe PÉRIODE INTERMÉDIAIRE

1780

- XIIIe-XIVe dynastie : désordres.
- Les Hyksos pénètrent dans le Delta.

1680

- XVe-XVIe dynasties des Hyksos.
- Occupation de l'Égypte.
- Capitale : Avaris, dans le Delta.

1600

- Royaume indépendant à Thèbes.
- XVIIe dynastie.
- Kamôsis reconquiert la Moyenne-Égypte.

NOUVEL EMPIRE

- Amôsis chasse les Hyksos et fonde la XVIIIe dynastie.

1580

- Capitale : Thèbes, en Haute-Égypte.

1560

- Règne d'Aménophis Ier.

1530

- Règne de Thoutmosis Ier.

1520

- Règne de Thoutmosis II.

1500

- La reine Hatchepsout sur le trône d'Égypte ; vizir : Senenmout.
- Temple de la reine à Deir el Bahari.
- Thoutmosis III accède au pouvoir.

1483

- Tombe dans la Vallée des Rois.

1450

- Règne d'Aménophis II.

1408

- Règne d'Aménophis III : construction des colosses de Memnon ; temple construit par l'architecte Amenhophis, fils de Hapou ; travaux au temple de Karnak.

1372

- Règne d'Aménophis IV, le pharaon hérétique qui se nommera Akhenaton.
- Crise religieuse.
- Fondation de la cité d'Akhetaton à Tell el Amarna, en Moyenne-Égypte.

1354

- Toutankhaton devient Toutankhamon : retour du pouvoir à Thèbes.

1343

- Règne du Pharaon Horemheb.
- Mise en chantier de la salle hypostyle du grand temple de Karnak.

1314

- Ramsès Ier fonde la XIXe dynastie.
- Corégence avec Séthi Ier, son fils : temple et Osiréion d'Abydos.
- Travaux au temple de Karnak.

1301

- Ramsès II fonde Pi-Ramsès, capitale stratégique dans le Delta ; Thèbes reste la capitale religieuse.
- Achèvement de la salle hypostyle, construction des spéos d'Abou Simbel et du Ramesséum à Thèbes.
- Tombe dans la Vallée des Rois.
- Fin d'un long règne de soixante-dix ans.

1235

- Crise dynastique sous Minéptah.

1219

- Règnes de Déthi II et Siptah.

1205

- Incursion palestinienne en Égypte.
- Période de désordres dans le pays.
- Règne du Syrien Iarsou.

1200

- Expulsion de l'étranger et fondation de la XXe dynastie.

1198

- Règne de Ramsès III : restauration de la puissance égyptienne.
- Construction du temple de Médineh Habou à Thèbes.

1168

- Règnes de Ramsès IV à Ramsès IX : décadence des Ramessides.
- À Thèbes, le grand prêtre Hérihor prend le pouvoir.

IIIe PÉRIODE INTERMÉDIAIRE

1085

- Smendès fonde la XXe dynastie
- Capitale : Tanis, dans le Delta.

1054

- Psousennès Ier règne à Tanis.

950

- Chéchonq Ier fonde la XXIIe dynastie dite libyenne à Tanis.

Vers 925

- Chéchonq prend Jérusalem et pille le temple de Salomon.

925

- Règne d'Osorkon Ier.

800

- Pétoubastis fonde la XXIIIe dynastie à Tanis.
- Division de l'Égypte.
- Montée de la puissance éthiopienne.

ÉPOQUES KOUCHITE, SAÏTE ET PERSE

715

- Empire éthiopien ou kouchite, avec capitales à Méroé et Napata.

667

- Prise de Thèbes par Assourbanipal.

663

- Psammétique fonde la XXVIe dynastie à Memphis ; renaissance saïte.

525

- L'Égypte conquise par Cambyse.

378

- Nectanébo Ier fonde la XXXe dynastie.

341

- Artaxerxès III pille l'Égypte.

ÉPOQUE PTOLÉMAÏQUE

332

- Alexandre le Grand à Memphis.

331

- Fondation d'Alexandrie.

304

- Dynastie des Lagides : règne de Ptolémée Sôter à Alexandrie.

237

- Début des travaux au temple d'Edfou.

80

- Début des travaux à Dendéra.

30

- Fin de la dynastie des Ptolémées.

L'ÉGYPTE PROVINCE ROMAINE

37 de notre ère

- Première salle hypostyle à Dendéra.

41

- Temple d'Esna : salle hypostyle.

117

- Kiosque de Philae par Trajan.

395

- Derniers hiéroglyphes à Philae.

470

- Derniers textes en démotique.

550

- Fermeture du temple d'Isis à Philae.

Glossaire

- **Akhenaton** : « Celui qui plaît au Disque », nom que prit le pharaon Aménophis IV (1372-1354) lors de sa réforme théologique et religieuse.
- **Akhetaton** : « L'Horizon du Disque », nom donné à l'éphémère capitale fondée par Akhenaton sur le site de Tell el Amarna, en Moyenne-Égypte.
- **Amarna** (amarnien) : de Tell el Amarna, nom arabe du site d'Akhetaton. L'adjectif caractérise la période et le style propres à l'hérésie d'Aménophis IV.
- **Amenhophis** : fils de Hapou, célèbre architecte du pharaon Aménophis III. Il bâtit le temple, aujourd'hui disparu, devant lequel se dressent les colosses de Memnon. Divinisé à Basse Époque, il passait pour un dieu guérisseur.
- **Aménophis IV**, alias Akhenaton, voir sous ce nom.
- **Amon** : dieu thébain, souvent associé à Râ, le soleil. Il était considéré comme le « roi des dieux » sous le Nouvel Empire. Son temple, à Karnak, sera le plus vaste d'Égypte.
- **Anastylose** ou anastillose [archéol.] : signifie d'abord « remontage d'une colonne écroulée », puis s'applique à toute restauration obtenue à l'aide d'une majorité d'éléments originaux.
- **Anubis** : dieu funéraire qui avait embaumé Osiris, il est représenté sous l'aspect du chien sauvage ou du chacal.
- **Appareil** [archit.] : s'applique à la forme et à la disposition des pierres ou briques d'un organisme construit.
- **Archère** ou archière [archit.] : baie étroite et verticale dans une muraille permettant aux archers de tirer sans s'exposer.
- **Architrave** [archit.] : linteau supporté par deux colonnes.
- **Aton** : le Disque solaire divinisé, qui, durant l'hérésie amarnienne, devient l'objet d'un culte « monothéiste ».
- **Atoum** : dieu créateur révéré à Héliopolis, qui sera associé à Râ, le soleil.
- **Barlong** [archit.] : s'applique à un espace transversal, plus large que profond. On parle d'une salle barlongue.
- **Barque** (sacrée ou funéraire) : les bateaux jouent un rôle essentiel dans la vie des habitants de la vallée. Ils ont également une signification mythique, comme véhicule du Soleil dans l'infra-monde. Lors des ensevelissements, la barque funéraire permettait au sarcophage de traverser le Nil, aussi bien que le fleuve de l'au-delà, d'où sa présence dans la tombe, sous forme de maquette ou de relief.
- **Bâtière** : couverture à deux versants opposés. On parle d'une toiture en bâtière par exemple.
- **Belzoni, Giambattista** (1778-1823) : voyageur italien qui explora les pyramides et la Vallée des Rois. Il releva, entre 1815 et 1819, le décor de plusieurs tombes royales.
- **Brisé** (linteau) [archit.] : désigne un dessus-de-porte ouvert, le linteau étant formé de deux éléments horizontaux ne se rejoignant pas au centre de la baie. Formule analogue : le fronton brisé.
- **Butte** (primordiale) : dans la cosmogonie égyptienne, désigne le monticule de terre qui émerge des eaux, première étape de la création du monde.
- **Campaniforme** (colonne ou chapiteau) [archéol.] : en forme de cloche. S'applique au chapiteau largement évasé, en fleur ouverte.
- **Canopes** (vases) [égyptol.] : terme grec appliqué aux urnes recevant les viscères du défunt lors de l'embaumement.
- **Carnarvon, Lord** (1866-1923) : George Herbert, cinquième comte de Carnarvon, commanditaire de Howard Carter lors des fouilles qui conduisirent, en 1922, à la découverte du trésor de Toutankhamon.
- **Carter, Howard** (1873-1939) : égyptologue britannique qui, en 1922, trouva la tombe intacte de Toutankhamon dans la Vallée des Rois.
- **Cartouche** [égyptol.] : encadrement ovale, souligné à l'une de ses extrémités par une barre, dans lequel s'inscrit en hiéroglyphes le nom du pharaon. Le cartouche entoure les noms de naissance et de règne, et les noms de titulature du souverain.
- **Cénotaphe** : monument élevé à la mémoire d'un mort, qui ne contient pas ses restes, tombeau-vide.
- **Chalcolithique** (ou énéolithique) [archéol.] : âge où la technique du cuivre se mêle à celle de la pierre polie, et qui fait suite au néolithique. En Égypte, le chalcolithique débute vers le milieu du IVe millénaire.
- **Champlevé** (relief en) : technique du bas-relief saillant sur le fond de la composition, par opposition au relief en creux.
- **Champs d'Ialou** (ou Champs des souchets) : le paradis tel que les Égyptiens le conçoivent dans le *Livre des Morts*.
- **Chaouabtis** (ou shaouabtis) [égyptol.] : statuettes de bois, de terre cuite, de fritte ou de bronze représentant les serviteurs et compagnons du défunt, disposées parfois par centaines dans la tombe.
- **Chapiteau** [archit.] : élément couronnant un support tel qu'une colonne, un pilier ou un pilastre. Il est souvent orné de motifs végétaux.
- **Cintre** (plein cintre) [archit.] : se dit d'un arc ou d'une voûte dessinant un demi-cercle.
- **Claustra** (fenêtre à) [archit.] : baie dont le remplage est formé d'une dalle percée de jours réguliers.
- **Claveau** [archit.] : bloc en forme de coin formant un élément d'un arc ou d'une voûte.
- **Clayonnage** [archit.] : mode de construction recourant à un mélange de terre, de brique crue, « armé » de branchage ou de roseaux.
- **Cobra** : serpent sacré de l'Égypte, qui représente la déesse du Delta, « Ouadjyt ». La frise aux cobras qui couronne un mur de la cour Heb-sed dans l'ensemble de Djezer, à Saqqarah, regroupe une série de serpents, sous la forme dilatée de l'uraeus terrifiant.
- **Colonne** : support architectural de section cylindrique ou fasciculée. Elle comporte souvent une base et, en général, un chapiteau ou un tailloir.
- **Cosmogonie** : système de pensée retraçant la formation scientifique ou mythique de l'univers et du ciel. La création et la naissance du soleil occupent une place importante dans les mythes héliopolitains.
- **Courtine** [archit.] : section de muraille rectiligne reliant deux tours ou bastions qui la flanquent.
- **Crapaudine** : huisserie, bloc de pierre représentant une cuvette circulaire destinée à recevoir le pivot d'une porte.

‣ **Crypte** [archit.] : dans son acception égyptologique, la crypte est une chambre aveugle – pas nécessairement souterraine – aménagée dans l'épaisseur d'un mur ou sous le pavement. Dans les temples de Basse Époque, elle sert à abriter des dépôts précieux : statues divines, vaisselle rituelle, ornements sacerdotaux ou écrits sacrés.

‣ ***Damnatio memoriae*** : locution latine signifiant qu'est condamné à l'oubli le nom d'un personnage abhorré.

‣ **Décharge** (chambre de) [archit.] : espace creux dans une construction massive, ménagé pour alléger les poussées au-dessus d'un vide.

‣ **Démotique** [égyptol.] : écriture populaire et cursive qui simplifie – vers le VIIe siècle avant J.-C. et jusqu'au Ve siècle de notre ère – les systèmes de notation du hiératique, lui-même dérivé de l'écriture hiéroglyphique.

‣ ***Description de l'Égypte*** : titre de la monumentale publication, réalisée par le baron Dominique Vivant Denon pour Napoléon Ier, qui paraît en 1809, sur la base des travaux des savants français qui avaient participé à l'expédition de Bonaparte en Égypte de 1798 à 1800.

‣ **Disque** (d'Aton) [égyptol.] : apparence visible de l'astre solaire, à laquelle la réforme hérétique d'Aménophis IV-Akhenaton voue une dévotion exclusive s'exprimant dans son « Hymne au Soleil ».

‣ **Encorbellement** [archit.] : désigne un mode de couverture obtenu au moyen de blocs disposés en avancée sur le vide, en porte-à-faux les uns au-dessus des autres, et formant un système de fausse voûte.

‣ **Engagée** (colonne) [archit.] : se dit d'un support faisant corps avec le mur ou disposé à l'extrémité d'une paroi à laquelle il est lié par compénétration.

‣ **Fausse porte** [égyptol.] : simulacre de porte à encadrements décoratifs, disposé dans une tombe, par où le défunt est censé sortir de son caveau.

‣ **Fausse voûte** [archit.] : voûte à encorbellement (voir ce terme).

‣ **Fenêtre d'apparition** [égyptol.] : baie d'un palais où le pharaon et sa famille se montrent au peuple et distribuent des récompenses à leurs sujets méritants, en général sous forme de colliers d'or.

‣ **Fritte** [archéol.] : mélange vitreux, à base de silice et d'oxydes colorants, utilisé pour la glaçure de céramiques bleues. Nombre de chaouabtis sont réalisés en fritte bleu-vert.

‣ **Fruit** [archit.] : pente que présente la face externe d'un mur. Les murs obliques des temples égyptiens imitent la forme des constructions en matériaux friables (brique crue), dont la base est plus large que le couronnement, pour des raisons de stabilité.

‣ **Fût** [archit.] : corps, généralement cylindrique, d'une colonne.

‣ **Glacis** [archit.] : talus en pente douce et dégagé, disposé à l'extérieur d'un ouvrage utilitaire.

‣ **Gorge égyptienne** [archit.] : moulure creuse et saillante, en quart de cercle, qui couronne un mur ou un meuble.

‣ **Harmakhis** : divinité solaire qualifiée d'« Horus de l'Horizon ». Le Sphinx de Guizeh en est une figuration.

‣ **Hathor** : déesse du ciel qui a enfanté Horus, le soleil. Elle est représentée sous l'aspect d'une vache ou d'une femme. Elle devient, à Basse Époque, la déesse de la montagne des morts, mais aussi de la musique. Son emblème est le sistre.

‣ **Hathorique** (colonne ou pilier) [égyptol.] : qui représente Hathor. Se dit de colonnes ou de chapiteaux traités à l'effigie de la déesse ou d'un de ses emblèmes.

‣ **Hattousa** (Bogazköy) : capitale des Hittites au IIIe siècle avant J.-C., en Anatolie, dans la région de la Cappadoce.

‣ **Heb-sed** (cour du) [égyptol.] : lieu où se déroule la fête du jubilé que le pharaon célèbre après trente ans de règne.

‣ **Hélicoïdal** : se dit du mouvement qui affecte un objet tournant sur un axe de rotation tout en se déplaçant le long de cet axe.

‣ **Héliopolis** : site de Basse-Égypte, proche de Memphis, où étaient développés un culte et une théologie solaires.

‣ **Hémispéos** [archit.] : construction dont une partie est édifiée au grand jour et l'autre s'enfonce dans la falaise, en forme de souterrain.

‣ **Herse** [égyptol.] : nom donné aux blocs de granit disposés dans les descenderies des tombes pour faire obstacle à la progression des voleurs.

‣ **Hiératique** [égyptol.] : écriture cursive qui se développa à partir des hiéroglyphes, dès l'aube de l'époque historique égyptienne et jusqu'à la fin du Nouvel Empire (vers 1100 avant J.-C.) . Elle couvre les papyrus et requiert l'usage du pinceau et de l'encre. Le hiératique s'écrit en lignes horizontales de droite à gauche.

‣ **Hiéroglyphe** : signe de l'écriture idéogrammatique des Égyptiens qui apparaît vers 3200 avant J.-C.

‣ **Hittites** : peuple de l'ancienne Anatolie, attesté du XIXe au XIIe siècle avant J.-C., qualifié de Hatti dans les textes cunéiformes.

‣ **Horemheb** : général égyptien qui monta sur le trône des pharaons de 1343 à 1314 ; il clôt la XVIIIe dynastie.

‣ **Horus** : dieu solaire à l'effigie du faucon protecteur du roi. Son grand temple se dresse à Edfou.

‣ **Hyksos** : peuple asiatique qui envahit l'Égypte (fin XVIIIe – début XVIe siècle avant J.-C.), semant le chaos durant la deuxième période intermédiaire.

‣ **Hypèthre** [archit.] : qualifie un bâtiment ou une salle à ciel ouvert.

‣ **Hypogée** [archéol.] : tombeau souterrain, creusé dans la roche.

‣ **Hypostyle** [archit.] : se dit d'une salle à colonnes. De l'adjectif hypostyle caractérisant une aile dont la couverture est supportée par des colonnes ou piliers, le terme en est venu à désigner l'espace lui-même que déterminent ces supports.

‣ **Imhotep** : architecte du pharaon Djezer, vers 2800 avant J.-C ., créateur de l'ensemble funéraire en pierre édifié pour ce souverain à Saqqarah. Il fut divinisé à Basse Époque et passa pour un dieu guérisseur.

‣ **Impérissables** (les) : terme désignant les étoiles dans les textes égyptiens.

‣ **Infatiguables** (les) : terme désignant les planètes dans les textes égyptiens.

‣ **Isis** : sœur et épouse d'Osiris. Elle recueille les membres du dieu tué par Seth. Elle parvient à lui rendre vie, faisant d'Osiris le dieu de la résurrection des morts.

‣ **Isocèle** : se dit d'un triangle ayant deux angles et deux côtés égaux.

‣ **Khépri** : dieu symbolisant le Soleil enfant, à son lever.

‣ **Lagides** (les) : dynastie gréco-égyptienne fondée par Ptolémée, fils de Lagos, en 305 avant J.-C. Ces souverains se maintiennent sur le trône d'Égypte jusqu'en 30 avant notre ère.

▸ **Lattis** [archit.] : garniture de lattes, souvent noyées dans de la terre ou du plâtre.

▸ **Lepsius, K. Richard** (1810-1884) : égyptologue allemand qui fit, de 1842 à 1845, une expédition durant laquelle il réunit le materiel pour sa monumentale publication sur les œuvres égyptiennes du Delta à Méroé. Elle paraît en 12 volumes plano, *Denkmäler aus Ägypten und Äthiopien* (1849-1859).

▸ **Lésènes** [archit.] : organes de raidissement verticaux faisant saillie dans un mur, à la manière de pilastres.

▸ **Linteau** [archit.] : élément de construction horizontal (pierre ou bois) qui relie deux montants ou piédroits faisant office de supports.

▸ **Linteau brisé** (porte à), voir brisé.

▸ **Lotiforme** (chapiteau ou colonne) [égyptol.] : en forme de lotus. Désigne un chapiteau ayant la forme d'une fleur de lotus, dont le bouton est fermé.

▸ **Mâchicoulis** [archit.] : galerie en encorbellement, couronnant un mur ou une tour, et dont le plancher ouvert permet de laisser tomber des projectiles sur l'ennemi.

▸ **Mammisi** [égyptol.] : littéralement « maison de naissance ». Sanctuaire annexe d'un temple ptolémaïque commémorant la naissance du pharaon-dieu.

▸ **Manéthon** : prêtre égyptien du IIIe siècle avant J.-C. qui composa en grec une histoire des pharaons et de leurs dynasties.

▸ **Mastaba** [égyptol.] : du mot arabe « banquette », désignant un tombeau composé d'un caveau et d'une chapelle, groupés sous un monument bas à murs en talus.

▸ **Mitanni** : ancien royaume de Haute-Mésopotamie qui, du XVIe au XIVe siècle avant J.-C., fut l'allié de l'Égypte avant de tomber sous le joug des Hittites et des Assyriens.

▸ **Modénature** [archit.] : ensemble des moulurations et du traitement ornemental propres à un bâtiment.

▸ **Mur-bahut** [archit.] : mur bas qui relie souvent deux piliers ou colonnes et dont le couronnement est bombé.

▸ **Naos** [archéol.] : édicule en bois ou pierre – saint des saints du temple – où était déposée la statue du dieu.

▸ **Natron** : carbonate hydraté naturel de sodium, qui se trouve sous forme de sels en Basse-Égypte, où il est utilisé dans le processus de momification.

▸ **Nécropole** [archéol.] : du grec « cité des morts », désigne un cimetière.

▸ **Nef** [égyptol.] : espace interne allongé. Un bâtiment peut comporter plusieurs nefs parallèles, qui se divisent en travées.

▸ **Nefertari** : « grande épouse » du pharaon Ramsès II. Sa tombe dans la Vallée des Reines est célèbre pour ses peintures.

▸ **Nefertiti** : épouse d'Akhenaton qui participe à la réforme du pharaon hérétique.

▸ **Néolithique** [archéol.] : en Égypte, la période néolithique, qui désigne l'âge dit de la « pierre polie », marqué par l'apparition de l'élevage, de l'agriculture et de la céramique, débute vers 6000 avant J.-C. Elle s'achève vers 4500, à l'aube du chalcolithique.

▸ **Nome** [égyptol.] : division territoriale de l'ancienne Égypte, qui en comptait 38 à 42 selon les époques.

▸ **Nout** : déesse de la voûte céleste. Elle avait mis au monde les astres à l'aube des temps, chaque nuit les avalait pour les faire renaître le lendemain.

▸ **Océan** (primordial) : dans la cosmogonie égyptienne, désigne l'étendue des eaux dont la Terre émerge sous forme de butte.

▸ **Opet** (fête de l') : grande célébration religieuse qui a lieu lorsque la statue d'Amon, à Karnak, s'embarque pour rendre visite à son « harem du Sud », au temple de Louxor.

▸ **Orthogonal** : terme de géométrie désignant ce qui est perpendiculaire, à angle droit. S'applique à des lignes (rues, murs, bâtiments) se croisant ou disposées perpendiculairement.

▸ **Osiréion** [égyptol.] : sanctuaire dédié au culte d'Osiris.

▸ **Osiriaque** (pilier) [égyptol.] : désigne des piliers flanqués d'un colosse représentant le pharaon revêtu d'un long vêtement et portant les sceptres dans une position analogue à Osiris.

▸ **Osiris** : dieu égyptien de la végétation qui devint par la suite la divinité de la mort et de la résurection.

▸ **Ostraca** (sing. ostracon) : du grec, désigne des tessons de poteries où figurent des textes (en hiératique), ou des dessins et des esquisses.

▸ **Paléolithique** [archéol.] : période de la préhistoire dite de la « pierre taillée ». Sa dernière phase, le paléolithique supérieur, débute en Égypte vers 40 000 et se termine vers 7500 avant J.-C.

▸ **Palette à fard** [égyptol.] : objet de schiste ou de calcaire fin, souvent décoré en relief, remontant à l'époque prédynastique, qui servait à broyer le fard à yeux.

▸ **Papyriforme** (colonne) [égyptol.] : désigne des chapiteaux ayant la forme de l'ombelle du papyrus, ouverte ou fermée.

▸ **Parement** [archit.] : habillage revêtant un mur. Le parement est de pierre ou de brique cuite, appareillées avec soin.

▸ **Pentaour** : nom du scribe qui consigna le fameux poème épique de la bataille de Qadesh, sous Ramsès II.

▸ **Péristyle** [archit.] : colonnade faisant le tour d'un édifice ou d'une cour.

▸ **Pétrifié** (motif) : on parle d'architecture « pétrifiée » lorsque les formes primitivement en bois ou en brique crue sont transposées dans la pierre.

▸ **Peuples de la mer** : nom donné par les Égyptiens aux « barbares » en mouvement en Méditerranée orientale aux XIIIe et XIIe siècles avant J.-C. qui s'attaquèrent à l'Égypte.

▸ **Pilier osiriaque** : voir Osiriaque.

▸ **Piquet de tente** [égyptol.] : type de support cylindrique s'évasant vers le haut, par exemple à la Salle des Fêtes de Thoutmosis III, à Karnak.

▸ **Pi-Ramsès** : capitale que fit construire Ramsès II sur la frange orientale du Delta, pour se rapprocher du théâtre des opérations contre les Hittites.

▸ **Pisé** [archit.] : type de maçonnerie réalisée à l'aide de terre argileuse, comprimée dans un moule.

▸ **Plan-masse** [archit.] : conception d'ensemble d'un complexe bâti, avec répartition des volumes et des espaces.

▸ **Plein cintre** : voir Cintre.

▸ **Poliorcétique** : désigne les techniques mises en œuvre pour le siège d'une ville ou d'une forteresse.

‣ **Portereaux** : barres de bois servant à déplacer en procession, à la manière d'un palanquin, un naos, une barque sacrée ou l'effigie d'un dieu.
‣ **Portique** : galerie formée d'une colonnade couverte.
‣ **Pronaos** [égyptol.] : littéralement, salle précédant le sanctuaire. En réalité, salle hypostyle du temple.
‣ **Protodorique** (colonne) [égyptol.] : terme qualifiant les colonnes égyptiennes polygonales ou à cannelures qui présentent des analogies avec le style dorique grec.
‣ **Protohistoire** : période antérieure à l'écriture qui, en Égypte, se confond avec le chalcolithique.
‣ **Pschent** [égyptol.] : couronne des pharaons formée par la réunion de la mitre blanche de la Haute-Égypte et le « mortier » rouge de Basse-Égypte. Symbolise l'union des Deux-Terres.
‣ **Psychostasie** : littéralement, du grec « pesée des âmes ». En Égypte, le rituel du *Livre des Morts* implique que le cœur du défunt doit être plus léger qu'une plume d'autruche, emblème de Maat, déesse de la justice.
‣ **Ptah** : dieu de la royauté de Memphis, représenté dans un étroit fourreau, comme une momie. Il est associé à la fête Heb-sed.
‣ **Ptolémaïque** [égyptol.] : période durant laquelle règnent en Égypte les souverains hellénistiques de la dynastie des Ptolémées ou Lagides.
‣ **Ptolémées** (les) : souverains de la dynastie gréco-macédonienne qui régna sur l'Égypte entre 305 et 30 avant J.-C., et dont la capitale était Alexandrie.
‣ **Pylône** [égyptol.] : construction formée de deux hauts massifs de forme trapézoïdale, qui se dresse de part et d'autre de l'entrée d'un temple. Souvent, de profondes rainures verticales et symétriques servaient à y fixer de hauts mats porteurs d'oriflammes.
‣ **Ramessides** (les) : souverains des XIXe et XXe dynasties qui succèdent à l'éphémère Ramsès Ier font briller l'Égypte d'un éclat remarquable, en particulier sous Séthi Ier et Ramsès II, aux XIVe et XIIIe siècles avant J.-C.
‣ **Ravaler** [archit.] : égaliser la surface d'un mur, d'une façade ou d'un parement.
‣ **Redenté** (mur) [archit.] : qui est découpé en redents. Qualifie le tracé d'un mur comportant des tours avancées à intervalles réguliers.
‣ **Rhomboïdal** (pyramide) [égyptol.] : terme de cristallographie, improprement appliqué à la forme de la pyramide méridionale de Snéfrou, à Dashour, qui dérive du terme grec rhomboèdre, désignant un corps géométrique ayant des faces en losanges.
‣ **Rosellini, Ippolito** (1800-1843) : égyptologue italien, ami de Champollion, auteur de *Monimenti dell'Egitto e della nubia*, en neuf volumes (1832-1844).
‣ **Rupestre** [archéol.] : qui est creusé dans la roche.
‣ **Sahélisation** : processus de dessèchement du territoire. S'applique à une région en voie de désertification.
‣ **Saïte** (époque) [égyptol.] : de la ville de Saïs, dans le Delta. Relatif à l'époque de renaissance que connaît l'Égypte après que Psammétique Ier a expulsé les Assyriens (664-525).
‣ **Santorin** (Thera) : îlot de l'archipel grec des Cyclades, où avait fleuri une culture minoenne détruite vers 1450 avant J.-C. par une explosion volcanique. L'archéologue grec Marinatos y a découvert, dans la cité d'Akrotiri, de superbes fresques.
‣ **Sistre** : hochet de métal ou de faïence rythmant les danses et les hymnes du rituel des temples. Emblème d'Hathor.
‣ **Spéos** [archéol.] : du grec caverne, temple ou tombeau rupestre.
‣ **Stèle** [égyptol.] : monolithe dressé, généralement funéraire, portant une inscription et des reliefs.
‣ **Stéréotomie** [archit.] : science de la taille des pierres pour la construction.
‣ **Strabon** (64 avant J.-C.-23 après J.-C.) : géographe grec qui visita l'Égypte et établit, en particulier, une carte du monde.
‣ **Syringes** [archit.] : du grec syrinx, flûte, terme désignant les galeries des tombeaux forées dans la roche.
‣ **Tailloir** [archit.] : couronnement d'un chapiteau, formé d'un bloc rectangulaire, généralement plus épais que la tablette qui répond à la définition de l'abaque.
‣ **Talatates** : de l'arabe ; désigne les blocs de calcaire ou de grès de petit format utilisés dans la construction à l'époque amarnienne, et sur lesquels on retrouve des vestiges de peintures ou de fresques.
‣ **Tanis** : ville du Delta qui fut la capitale de l'Égypte du XIe au VIIIe siècle avant J.-C. (de la XXIe à la XXIIIe dynasties).
‣ **Temenos** : du grec, désigne le périmètre du territoire consacré à un dieu, au centre duquel se trouve un temple.
‣ **Thébaïde** : région de Thèbes, en Haute-Égypte.
‣ **Thinite** [égyptol.] : période des deux premières dynasties d'Égypte, ayant pour capitale la ville de This. Époque à laquelle s'élabore la civilisation égyptienne.
‣ **Tore** [égyptol.] : moulure de section circulaire disposée à l'angle d'un mur ou d'un pylône, qui rappelle les bourrelets de paille protégeant les angles dans l'architecture de pisé ou de brique crue.
‣ **Toutankhamon** (Toutankhaton) : pharaon de la XVIIIe dynastie (1354-1343) qui rétablit le culte d'Amon à Thèbes après l'hérésie amarnienne.
‣ **Travée** [archit.] : espace compris entre deux supports dans une nef. Subdivision transversale d'un espace couvert, supporté par des colonnes ou piliers.
‣ **Triade** : groupe de trois divinités composé du dieu père, de la déesse mère et de leur fils, également dieu. À Thèbes : Amon, Mout et Khonsou ; à Edfou : Horus, Hathor et Harsomtous.
‣ **Uraeus** [égyptol.] : du grec *ouraios* (queue), désigne le cobra sous sa forme dilatée et terrifiante, qui se dresse sur la couronne des pharaons dont il est le protecteur.
‣ **Vêture** : terme du rituel qui s'applique à la prise d'habit ou à l'action de revêtir des ornements sacerdotaux.
‣ **Voûte** [archit.] : ouvrage cintré couvrant un espace construit. La voûte en plein cintre, que les Égyptiens n'ont réalisée qu'en brique, est formée de claveaux dont les joints sont rayonnants.
‣ **Zoolâtrie** : adoration des animaux divinisés.

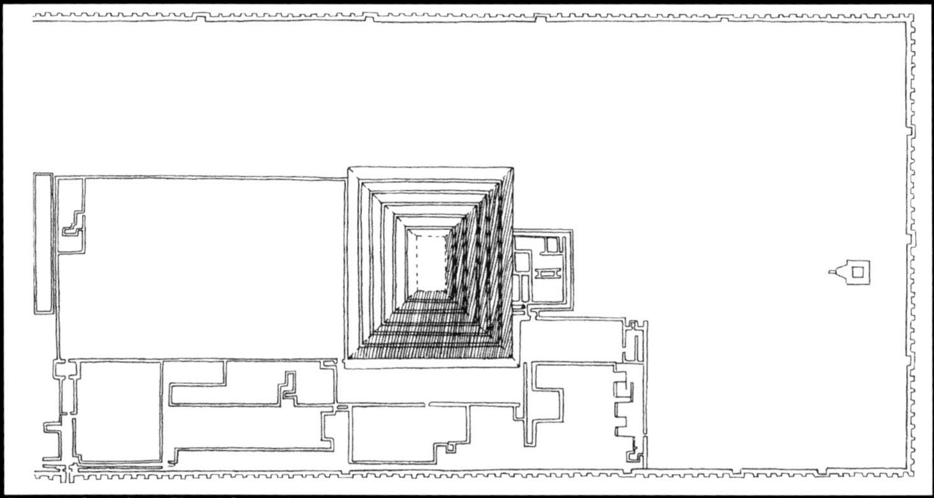

Ensemble funéraire de Djezer à Saqqarah.

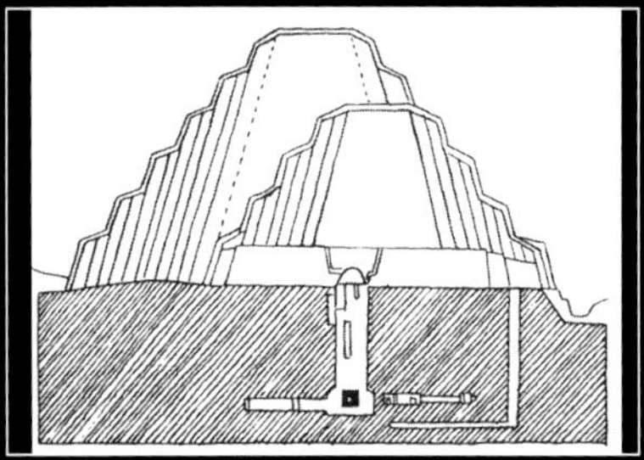

Coupe de la pyramide à degrés de Djezer.

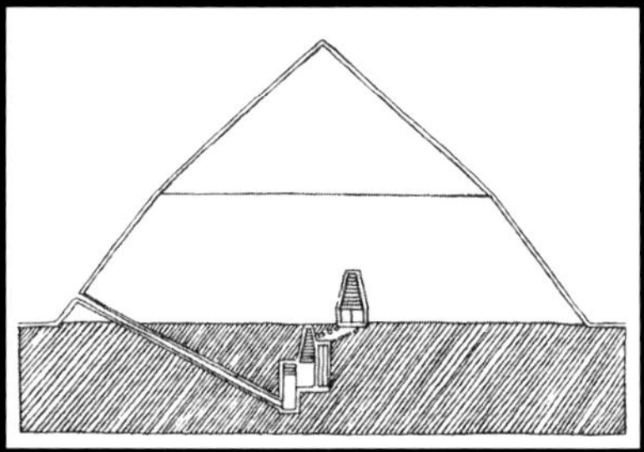

Pyramide rhomboïdale de Snéfrou à Dashour.

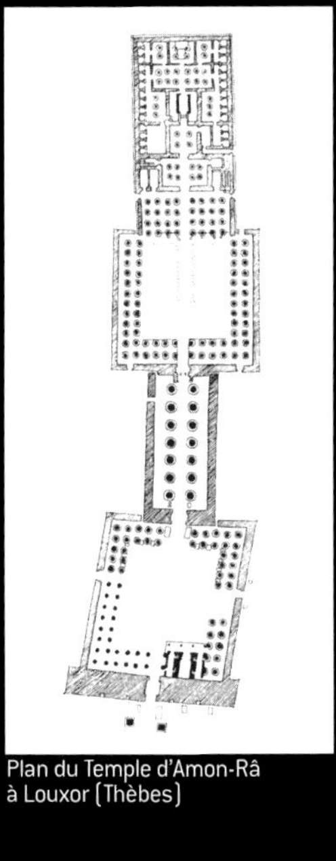

Plan du Temple d'Amon-Râ à Louxor (Thèbes)

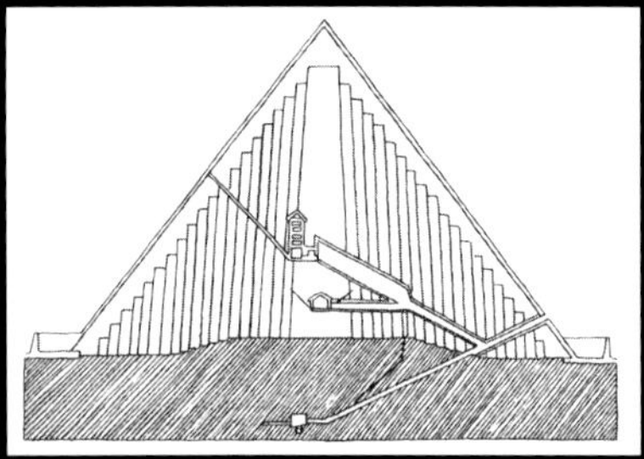

Coupe de la grande pyramide de Khéops à Guizeh.

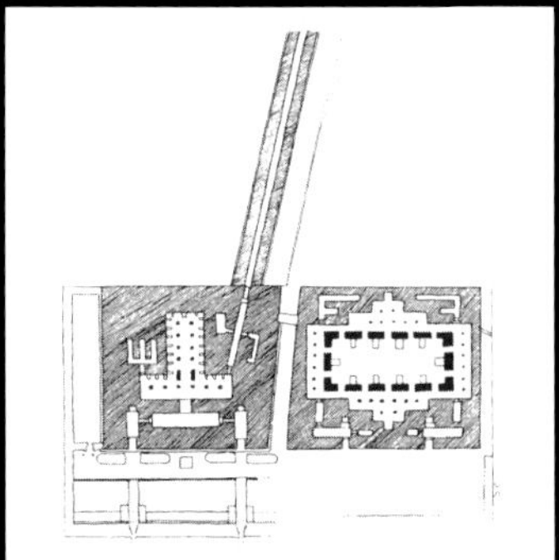

Pyramide rhomboïdale de Snéfrou à Dashour.

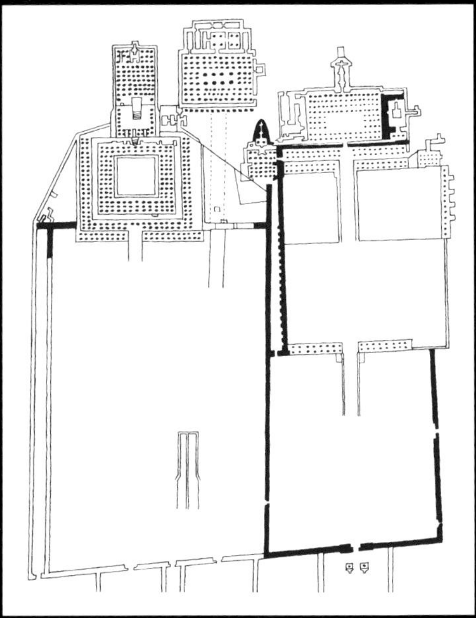

Plan des temples de Mentouhotep, Thoutmosis III et Hatchepsout, à Deir el Bahari

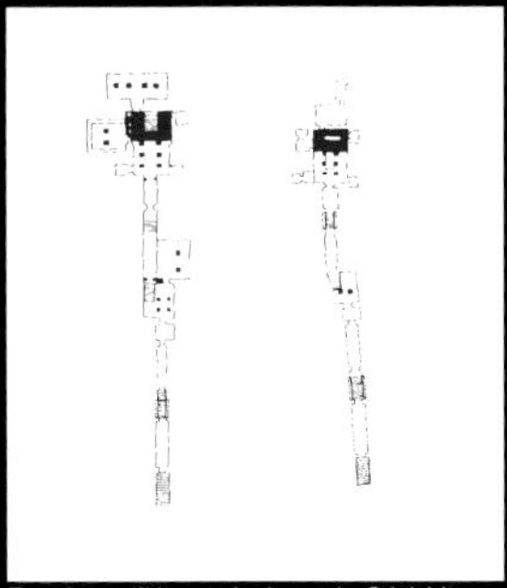

Tombes d'Horemheb et de Séthi Ier dans la Vallée des Rois.

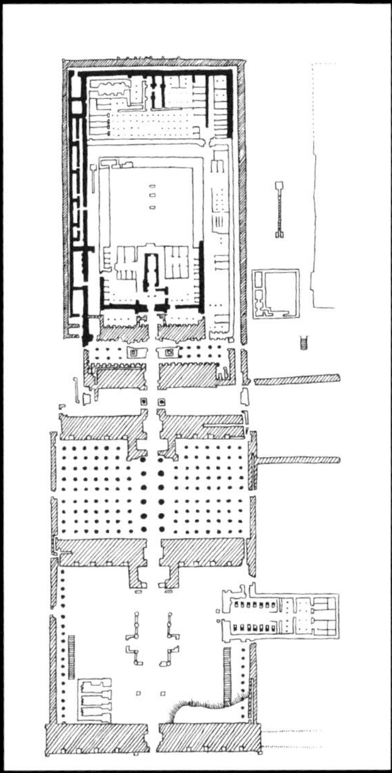

Plan du grand temple d'Amon à Karnak.

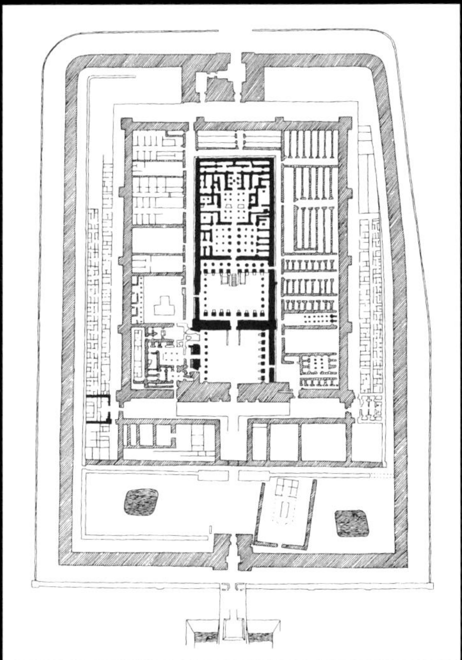

Temple funéraire de Ramsès III à Médinet Habou.

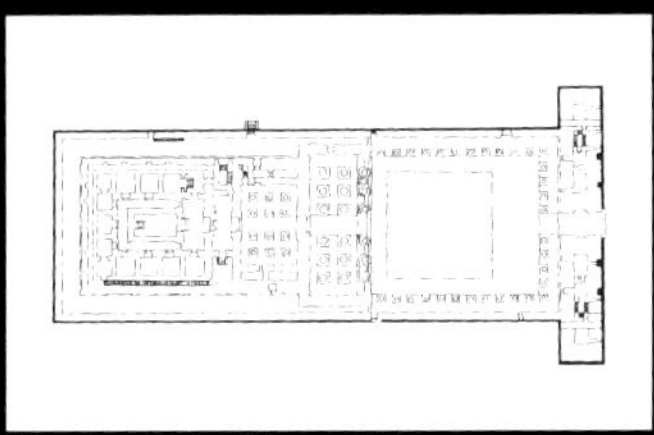

Plan du temple d'Horus à Edfou.

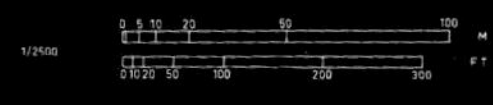

L'ouverture de la tombe de Toutankhamon en 1922

Fin novembre, dans la Vallée des Rois : le corridor comblé a été dégagé et une porte de fer disposée pour faire pièce aux visées des pillards. Désormais, l'antichambre remplie de merveilles – lits, boîtes, meubles, bateaux, etc. – s'offre à la vue des fouilleurs. Howard Carter, qui a rejoint en toute hâte lord Carnarvon, et l'équipe archéologique sont éblouis. Mais l'enlèvement des trésors ne pourra commencer que deux ans plus tard, le 1er novembre 1924. L'opération durera plusieurs années.

Que contient le sarcophage de Psousennès Ier ?

L'instant crucial : Montet et un collaborateur égyptien s'apprêtent, le 21 février 1940, à ouvrir le sarcophage de granit rose. Ce document pris en pleine « drôle de guerre » permet d'imaginer l'impatience des chercheurs.

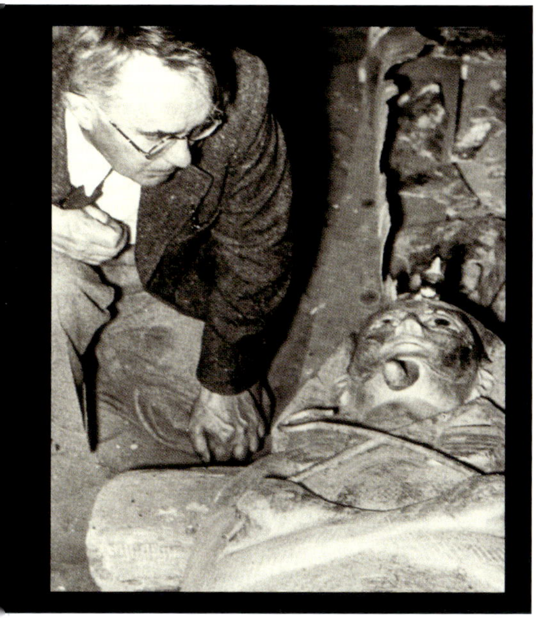

Pierre Montet ausculte le cercueil d'argent de Psousennès

Au chevet de cette exceptionnelle pièce archéologique, le découvreur étudie la conservation du métal : au second plan, retournée, la cuve d'argent très corrodée qui s'est disloquée lorsque l'équipe tenta de la soulever.

L'auteur et l'éditeur remercient pour les autorisations de photographier dont ils ont bénéficié dans lesmusées et sur les sites égyptiens la direction des Antiquités égyptiennes au Caire, la direction du Musée égyptien du Caire, le musée d'Art égyptien ancien de Louxor, le département d'Égyptologie du musée du Louvre, à Paris et la direction du Museo Egizio à Turin.
Pour la reproduction de documents anciens, ils expriment leur gratitude à la direction de la Bibliothèque publique et universitaire ainsi que de la Bibliothèque de la Grange, à Genève, la direction de la Bibliothèque d'art et d'histoire, à Genève, l'Antikenmuseum à Bâle et le séminaire d'égyptologie de l'université de Bâle.

Pour les deux photographies publiées en pages 12 et 14-15, ils sont redevables au département d'égyptologie du British Museum, à Londres, ainsi qu'à M. Franck Teichmann, à Stuttgart.

Enfin, ils remercient le photographe Georg Gerster, à Zumikon, Zürich, pour le document de la forteresse de Bouhen, page 79.

Tous les autres documents photographiques ont été réalisés par Anne et Henri Stierlin lors de divers séjours en Égypte et de plusieurs missions dans les principaux musées d'égyptologie, ainsi que dans de nombreuses bibliothèques.

Achevé d'imprimer sur les presses d'Horizon,
Gémenos, France,
en mars 2007
N° d'impression : 0702-033